Seelenverstimmung

Reflexiones sobre el dolor en la poesía alemana

Eva Parra Membrives (ed.)

3º Curso de Lengua y Literatura alemanas de la Universidad de Sevilla

2019

Quien sabe de dolor, todo lo sabe
Dante Alighieri

Índice

Introducción

El presente texto es producto de los trabajos de evaluación realizados por los estudiantes de Tercero de Grado de Lengua y Literatura alemanas de la Universidad de Sevilla en la asignatura de Temas y Motivos de la literatura alemana en el curso 2018/2019.

Por tercer año consecutivo se ha intentado que la evaluación en esta asignatura se alejase de la mera reproducción automática de contenidos convenientemente memorizados y que, por el contrario, los estudiantes fueran capaces de utilizar las propuestas textuales presentadas para razonar, abstraer y, sobre todo, sentir y vivir la literatura, en concreto, en ste caso, la poesía alemana. El objetivo último era el de comprender textos, en este caso líricos, de todas las épocas literarias, desde la Edad Media a nuestros días, como un modo de comunicación entre personas, pertenecientes éstas a diferentes culturas y también a momentos históricos muy alejados entre sí. Se pretendía llegar a saber entender el dolor de personajes que sintieron lanecesidad de comunicarlo a otros, en abstarcto y de forma general, a través del arte, percibir cómo utilizaron los recursos de los que disponían, cómo innovaban con respecto a éstos, cómo se centraban en aquello que en su momento imperaba como condición para finalmente lograr trasmitir algo profundamente personal: su sufrimiento.

Entendiendo al autor como persona doliente, la aproximación a los textos que se propusieron en esta asignatura resultó, una vez más, mucho más sencilla, atractiva incluso, y así fue posible también, en el último de los trabajos realizados en el marco de esta asignatura, la expresión artística del dolor propio del estudiante.

Todos los trabajos que alcanzaran una nota superior a notable, 7, debía ser publicados, y orgullece poder decir que todos los estudiantes matriculados en esta asignatura han conseguido que al menos uno de sus textos sea considerado válido para este volumen.

La tasa de publicación es por ello del 100% de los estudiantes, y se confirma una vez más, por tercer año consecutivo, que este sistema de evaluación es muy capaz de atraer al alumno hacia la literatura, y, más importante y difícil aún, hacia la creación literaria.

Este libro se divide en cuatro apartado, que recogen las cuatro porpuestas evaluativas realizadas, retos propuestos al estudiante que ha sabido superar con éxito que ya no resulta sorprendente.

En primer lugar, los textos que conforman a propuesta evaluativa número uno, han sido elaborados tras el estudio y análisis del dolor en la etapa literaria del Barroco. Una vez constatado que muchos de los textos van encaminados a acusar de frivolidad y apego a la belleza y bienes materiales de la mujer, se propone al estudiante que, siguiendo los parámetros formales del Barroco, escriba un soneto, la forma estrófica preferente de este movimiento, en el que el protagonista de la vanidad sea un hombre.

Para los textos recogidos en la propuesta evaluativa número dos se ha recurrido a idéntica fórmula que el año anterior: Una vez estudiados los textos pertenecientes a la época del Sturm und Drang y aquellos que fueron creados en la época de la Ilustración, se propone al estudiante que reescriba el poema "Lenore" de Bürger concediéndole características específicas de la época ilustrada, mientras que el texto de Albrecht von Haller "An Mariannes Tod", debe ser elaborado como si perteneciera al movimiento anterior. De este modo el alumno demuestra si sabe reconocer, abstraer y también aplicar las características específicas de cada movimiento a un texto literario.

Para la propuesta evaluativa número tres se ha contado con la ayuda de la profesora Daria Polanska, de la Universidad de Poznan, que, a través de un acuerdo bilateral ERAMUS, ha mantenido con nuestra Universidad un contacto docente. La Dra Polanska es especialista en literatura de posguerra, y por esta causa en este caso el estudiante previamente estudió y analizó el poema "Alle Tage" de la autora austríaca Ingeborg Bachmann, y se le exigió posteriormente que completara el poema original, centrado en la época de la Guerra Fría, con dos estrofas adicionales como mínimo, en el que el pensamiento de

Bachmann se ampliaray permitiera su aplicación al año actual. Con ello el estudiante continúa demostrando su capacidad de abstracción y demuestra que sabe reconocer modos de expresar sufrimiento y continuarlo siguiendo idénticos patrones.

Finalmente, una vez aprendidas todas estas cuestiones acerca de formas y métodos para expresar el dolor se le ruega al estudiante que para su último trabajo evaluativo escribe un poema y un texto narrativo libre en el que quede reflejado su propio dolor. Esta propuesta es la más difícil y exigente de todas, pero el alumno ha sido preparado con sus trabajos anteriores para poder culminar esta tarea con éxito, como así ha sido. El trabajo cuatro ofrece unos resultados especialmente interesantes, personales y artísticos.

Una vez completado el proceso de evaluación, los estudiantes en grupo deciden y votan el título que desean que lleve su publicación, diseñan la portada y colaboran activamente en el producto final. Con ello, la evaluación en este asignatura se convierte en mucho más que en un aprendizaje y una nota, y cuenta con el orgullo de ver publicado un producto propio.

Al margen del éxito o no de las propuestas y de los textos recibidos y evaluados por esta profesora, es de subrayar que también para el docente este sistema aporta innumerables satisfacciones. Una y otra vez se comprueba que el estudiante, correctamente estimulado, sabe cómo debe entender y vivir el proceso literario de modo que le aporte algo a nivel personal.

Sólo por esta causa ya merece la pena el esfuerzo de maquetación y publicación.

Eva Parra Membrives

2019

Propuesta evaluativa uno

Laura Álvarez Gómez

Soneto

¿Hacia dónde volaron tus fuerzas?
¿Hacia dónde se las llevó el viento?
pues tú eras valiente como un toro,
fuerte como un león y todo se esfumó.

Ya no te queda nada, solo dolor.
Lo perdiste todo, incluso esa valentía
de la que antes tanto presumías,
y ahora solo lloras como flor.

Te creías el mejor,
pero ella vino y todo cambió,
te abrazó y de pena te cubrió.

Dejó que tu piel cayera como pétalos de flor.
Ya nada te queda, tu orgullo huyó,
y ahora esperas a que mañana no salga el sol.

Raúl Anguita Cobo

De la melena a la bastilla

Una vida sin fin, un fin sin vida,
¿y qué es la vida sin tu cabello?
Era sólo el reflejo de lo bello,
algo bello de idas y venidas.

Tu melena ahora está adormecida,
adormecida sin dar destellos,
destellos que les daba luz a ellos,
ellos queriendo tomar la bastilla.

¡Tú, que eras nuestra alma de grandeza!
¡Tú, que eras objeto de devoción!
Ahora simplemente es tristeza.

Con ella atacábamos cuál halcón,
¡Ay!, ¿por qué has perdido la melena?
Ahora, con gran pena, cuál gorrión.

Rocío del Carmen Blanca Hernández

Ajado reflejo

Llegará algún día el más temido de los momentos,
aquél en el que el paso del tiempo cobre su precio.
Llegará algún día la hora de contemplarte al espejo,
y aceptar, sin más pesar, que has envejecido.

Ya tus cautivadores ojos verdes no serán más que un triste y
profundo pozo donde reflejarte.
Ya tu tersa y robusta piel se tornará curtida y con pliegues,
cual ladera de montaña erosionada.
Tu denso pelo negro tizón, brillará, escaso ahora, de un
blanco lunar,
y tus perfectos y relucientes dientes, cual flor marchita
irán deshojándose poco a poco…

Te angustiarás quizás por la pérdida del vigor sexual,
y, tal vez, tus atléticas piernas sufrirán por la necesidad de un
par de ruedas para avanzar,
pero deberás buscar, entonces, más allá de lo superficial
para valorar lo que importa de verdad.

Despedirás así paulatinamente tu espléndida y pasada
hermosura,
experimentarás esa metamorfosis marcada por el trascurso
de la vida
y abatido te verás por el desconsuelo de la eterna y cercana
muerte.

Víctor Carrión Padilla

Soneto

No siempre podrás brillar con tu porte,
ni deleitarme con tus rojos labios,
pues Cronos incluso al más sabio
quita la juventud aunque éste exhorte.

Se marchará tu belleza del norte,
y el oro que peinas a diario
en nieve se convierte, sentimiento agrio,
cuando tu mirar no te reconforte.

Cuando llegues al ocaso de tu vida
y pases de mi pedestal a la tumba,
gris estará el cielo por tu huída.

Maldito el tiempo que hace que sucumba,
ninguno podremos coger sus bridas
mientras lo hermoso y bello derrumba.

Juan Carlos Cortés

Soneto

La vida es un soplo,
pasa sin darte cuenta.
La plasticidad desaparece
y ahora tiene relieve.

Ya no tienes un cuerpo fornido,
ni un rostro atractivo.
Solo lamentas el pasado
inundado por la amargura.

¿A qué viene esa pena?
Tú sabías que pasaría
y que te consumirías.

Aparta la tristeza
y no te lamentes.
Por la experiencia adquirida.

Lucas da Rosa Hugo

Brazos que no abrazan

La velocidad era su pasión de juventud
Conducía con seguridad y exactitud.
Mal tiempo, mal asfalto, una ladera:
su cuerpo entero roto en una carretera.

Los brazos fuertes que cargaban a su esposa
para dominarla y en el lecho llevarla a la luna,
que también portaban a sus hijos como sin tal cosa
con la ternura de un padre al dejarlos en la cuna,

ya no pueden moverse para abrazar a quién ama.
Para siempre atrapado en una cama:
todo se lo robaron con alcohol e imprudencia.

Su madre angustiada por la moto
como respuesta, oídos sordos.
Madre, esposa, hijos e impotencia.

Maldigo al vacío

En momentos de lucidez recuerdo mi infancia
mi madre amorosa, una mesa en abundancia.
goyabas, mandarinas y limones
había en nuestro jardín cuidado con paciencia.

Y de pronto vuelvo a estar perdido entre los hombres,
no reconozco a mis hijos, no recuerdo sus nombres,
ya no tengo fuerza para regar las flores
del jardín de mi abuelo que recibí en herencia.

Muchos soles han iluminado este jardín
y se llevaron mis fuerzas y mi mente:
mis ojos muestran un alma ausente.

El vacio es el enemigo al que maldigo
cuando vuelvo a iluminarme por un instante
mi ser se apaga ante el enemigo penetrante.

Meryanne de la Rosa Charris

El silencio del fin

Tú, ausente, viril, despreocupado,
con una fortaleza inimaginablemente fugaz
que te despertó gran preocupación
mientras te avisaba del futuro dolor.

Cinco otoños pasaron
desde que tus cabellos
como hojas cayeron,
tu mirada perdida avistaba ya el fin.

La blancura se empoderaba de tu ser,
a la vez que tus movimientos bruscos y torpes
te llenaban de angustia, te hacían inútil.

Te preocupaba ser inservible
cuando ya entumecido no aceptabas
el inmenso silencio que te esperaba.

María Inmaculada Fernández Donado

Presencia en blanco

Tu mente se modificó, se cambió,
Igual que un disco duro sin funcionar.
Tu talento puro dejó de brillar,
Y en el ocaso de tu vida cayó

Hombre de lenguas extraordinarias,
Cual claridad que se irradia en el agua,
mientras tu conciencia llena de pena,
se te alteran de formas temerarias.

¿Por qué florece esto tan misterioso?
¿Qué imposibilita ampliar tu memoria?
Es lo triste, frustrante y tormentoso.

Para que al final de tu ilustre historia
Tu espíritu plasme algo prodigioso
Y tu sufrimiento sea victoria.

Alicia Fernández Pérez

Soneto

Tú que siempre te paseabas arrogante por las calles,
orgulloso de tus logros y porte refinado,
mirando a todos por encima del hombro,
despreciándolos como si no valieran nada.

Dejaste de lado a los demás, te convertiste en alguien
egocéntrico
a quien le preocupaba más su aspecto que las personas
que lo amaban,
y ahora te encuentras solo en aquella casa olvidada,
llorando mientras tus dedos y ojos se arrugan.

Tu rostro joven y vivaz se encuentra surcado por sombras y
arrepentimiento y tus recuerdos se enturbian frente al espejo,
es imposible reconocer al hombre que solías ser.

Tantos años tuvieron que pasar para que te dieras cuenta
de que aquella belleza de la que presumías se esfumaría,
pero es demasiado tarde para volver al ayer.

Alper Kabuk

Sonett

Was ist des Mannes Antrieb denn nun?
Ein Sturm und Drang der Gefühle längst vergessen,
doch scheinbar nicht tot, nur zerfressen.
Der Jahre zu Willen zu ruh´n!
Oh ja, und nichts zu tun?

Ach du seelloses Leben, das du mir raubtest
die Kraft und die Jugend und mir nicht gabst den ewigen Tod.
Nun steh' ich hier, der Nike von Samothrake gleichend
mit entrissenem Haupte.
Begleitet vom Willen gen Himmel zu steigen ohne Lanze
nur mit meinem Ruhm.

Das sind des Lebens letzte Tage
Voller Schmerz und Nostalgie
Wie ein Blatt im Winde verweht

Es wartet das Totengericht samt Waage
Und spielt des Lebens letzte Symphonie
Ob der Tod wohl auch einst vergeht?

Alba López Polo

Soneto. El temor de un hombre.

Durante gran tiempo reflexionaste
Sobre tu enorme cambio de aspecto,
Y el gran pesar que te suponía esto.
Durante largo tiempo te mentiste.

Querer ver la realidad no quisiste,
Cabellos de plata pronto brotaron,
Varios pliegues también te asustaron.
Y sin tu querer pronto descubriste

Que la vida en breve consumirás.
Tanto tiempo viviste sin entender
Que para todos la vida es igual.

Ahora la dejas pasar,
Esperando para al fin ver llegar
Ese oscuro e inquietante final.

Melanie Alessandra Moog

Des Nachts

Durch Altstadtgassen schwebt gar leicht und schnell dahin
dein Schritt.
Das Kopfsteinpflaster kennt sehr gut, in lauer Sommernacht,
Den festen Gang des Herren, der zum Tanze sich aufmacht.
Musik erklingt von ferne – sie beflügelt jeden Tritt.

Die Tanzschuh´ sind zwei Lederwesen, die durchs Dunkle
jagen;
Der Rhythmus deines Pulses ist der Liebe Perkussion,
Und an der Schmiedetüre wartet deine Liebste schon.
„Auf einen Tanz – nur du und ich, wir zwei?,“ wirst du sie
fragen.

„Halt ein!“ verzieht im Traume sich das Antlitz jener Frau,
Und ihre lachend´ Fratze mustert dich nochmals genau.
„Du hast ja nicht mal Beine – wie kannst du mein Tänzer
sein?“

Der Morgen graut, der Schmerz kehrt ein, das müde Lid
erwacht,
Voll Bitternis erkennst du trüb den Trug der Traumesnacht:
Des Nachts träumst du – doch Tags sitzt du im Rollstuhl
ganz allein.

María de los Ángeles Moya Sánchez

Soneto

Quedaba sola y abierta la puerta
de la casa, sus últimos umbrales.
Mudo se quedaba el quieto sendero
que te conducía hacia tu tumba.

Recuerdos perdidos quedan viajando
en la memoria de tu inerte cuerpo.
Ráfaga de viento susurra al norte,
canto de un ruiseñor durante la noche.

Ojos entornados te dicen adiós,
se despiden con duelo y triste pasión.
Boca abierta ante el llanto y con el dolor.

Quedándote sola y sin entrañas, tú.
Cabalgando, ya nadie te recuerda.
Pisando el viento y sola, te quedas tú.

Soufian Nachid Vera

Schmerz fürs Herz

Vater, ich weiß du fühlst Schmerz,
Siehst in den Spiegel und erblickst Falten.
Du wusstest, es war nicht mehr alles beim alten,
Es ging ab hier nur noch abwärts.

Uns hast du verlassen im März,
Suchtest deine Jugend bei Frauen wieder zu erhalten,
Konntest aber nicht mit Don Juan mithalten,
Dein neuer Lebensstil war ein Scherz.

Mit der Zeit verspürst auch du Reue.
Es folgte dass dein Herz bricht
und schworst uns wieder Vatertreue.

Für uns hast du verloren dein Gesicht,
so trau ich mich jetzt, ohne jede Scheue.
Wir vergeben dir so leicht nicht.

Gerald Oberascher

Über die vergängliche Schönheit eines Mannes

Die Tage fang ich an zu zählen,
als die Sonne dem Schatten weicht,
die Dame fürs Leben zu wählen,
ein Rätsel das mir ist sondergleich.

Einst jung wollt ich doch bleiben,
die ewige Jungfrau erwecken,
im hier und jetzt dem Schmerz zu entfliehen,
doch nun ists vorbei - grau in grau.

Nicht wieder werd ich kommen,
um dieses Leid mir anzutun,
ich sehe wie die Zeit ist schnell verronnen.

Doch frag ich mich, wer bin ich nun,
ist die Maske die ich trage wirklich die meine,
oder doch nur eine Illusion?

Marta Pascual Vázquez

Soneto

Tu mirada marrón avellana
ahora luce como fría plata,
aquella que antaño tanto te servía,
la verdadera admiradora de tu litografía.

De nada sirve lucrarte del añejo trabajo,
tus descendientes sólo hallan desconsuelo,
pues su sustento voló como un mochuelo,
sin tu arte ya no hay para ellos atajo.

¿Son tus lágrimas de calvario?
Sin tu ocupación no encuentras consuelo,
antes tus óleos lucían como terciopelo.

¡Oh maestro! ¡Oh pintor!
detrás de la escarcha en tu mirada
sólo queda un silencio desolador.

Nota: Este soneto está escrito para representar la perdida de la visión. Un anciano pintor, que pintaba por pasión y por vocación, antes podía sustentar a su familia con el dinero que obtenía de sus obras ,y ahora se lamenta, porque sin su sentido de la vista no es capaz de seguir siendo artista y hacer lo que más le gustaba.

Silvana Puebla Paz

El espejo

Cada mañana te veo de frente,
cansado, gastado e indiferente
ante esta luz cálida y brillante,
que cada vez un nuevo día trae.

Y cada tarde te sigo mirando
durante esos paseos por el mar
mientras tu imagen oleada se va,
¡oh por ese maravilloso cristal!

Y cada noche antes de dormir ves,
en el baño otra vez a ese hombre,
con pena y aflicción por su rostro.

Cada vez te veía reflejado
y ahora veo como el tiempo en mí
cada vez más rápido ha pasado.

José Alberto Sánchez Berbegal

Sendero irrevocable hacia el ocaso

Ay, ¿quién pudiera hacerte regresar
al tiempo en que tu gran fortaleza,
la frondosidad sobre tu cabeza
impulsaban a todos a admirar

a quien en la vida veían triunfar?
Cuando alborece sientes la pobreza
de un alma vagante en la tristeza
del recuerdo que anhela con pesar.

Oh, triste hombre que observas el ocaso
rugoso y cobrizo, que sin piedad
refleja un decadente contrapaso.

¿Por qué esta fugaz fugacidad,
diligente te impone a su paso
la gran temida transitoriedad?

Alicia Troncoso Castillo

Soneto

Mero espectador de tu mala fortuna,
Bajó la eterna noche a tu retina,
No existe de tu dolor medicina,
aunque tus otros sentidos te acunan.

Lloraste por tu pena inoportuna,
no ves correr el agua cristalina,
ni cómo el sol en el alba ilumina,
ni cómo emerge el ocaso y la luna.

Ya no puedes observar el reflejo,
Ni en el espejo tu gracia alabada,
Pero menos este mundo complejo.

Tú a la oscuridad estás forzada,
Y parece que miras a lo lejos,
Se acabó el bello brillo en tu mirada.

José Antonio Vasco

Soneto

No entiendo tu lamento,
el llanto que se escucha.
Vida aún queda mucha,
atiende que no miento.

Ya no tienes frescura,
sino arrugas y canas.
Ya no oyes las mañanas
ni ves cuánto dura.

Tu pena tiene nombre,
unos la llaman tiempo,
otros la llaman muerte.

Afecta a cualquier hombre,
unos la llaman tiempo,
dura si tienes suerte.

Diana Visintin

Der unaufhaltbare Lauf der Zeit

Wo liegt dein gemeißelter Körper von früher?
Deine schönen Haare sind nicht mehr da;
fühlst du nicht unmännlich als zuvor?
Wie kannst du mit diesem Leid weiterleben?

Bevor warst du wie ein Ritter
Ein Ritter, der die Rüstung der Schönheit trug.
Jetzt bist du nur ein alter Mann,
den keine Frau nicht mehr bewundert.

Die Zeit vergeht schnell und die Jugend ist schon geschwunden
Du siehst sie in anderen Jungs
Und die Trostlosigkeit vergrößert sich immer mehr.

Du bedauerst deine edle Schönheit, die verloren gegangen
ist,
aber das elben soll weitergehen;
man muss mit dem unaufhaltbaren Laufe der Zeit leben.

Propuesta evaluativa dos

Propuesta evaluativa dos

Laura Álvarez Gómez

Marianne Sturm und Drang

La luz del alba se asoma por los cristales de la ventana
que despiertan al joven chico que duerme en la cama.
El día amanece como si de cualquier otro se tratara;
pero esta vez, nadie a su lado estaba.

La soledad se apodera del ambiente,
el silencio reina en la pobre y pequeña habitación,
el sentimiento de tristeza se comienza a sentir en el joven
Haller,
pero él lo intenta evitar aislándose en su intimidad.

Como cada mañana y cada día de su vida,
Haller realiza su rutina.
Se levanta de su cama, se dirige a la cocina,
Y en una pequeña mesa rota comienza la poesía.

Cada día reflexiona, escribe y educa.
Con su pluma, su papel y su musa,
un mundo mejor hacía
y mil ensayos escribe o al menos escribía.

Ya lleva mil horas Haller delante del papel.
Sin su musa ya nada puede hacer él.
Mil frases ha escrito,
mil frases ha borrado
Y su papel blanco se ha quedado.

Borra una vez,
borra otra vez,
escribe una vez,
borra otra vez.

La frustración se ha apoderado de él,
ya nada se puede hacer.
Sólo le queda llorar, sollozar y gritar.

El mundo ahora su pena oirá.

-¡Oh Marianne, Marianne!
¿Por qué me has dejado?
¿Por qué me has olvidado?
Mi inspiración te has llevado
y sólo dolor me ha quedado.

Qué miseria es la vida sin ti.
Qué es para mí vivir, si tú no estás junto a mí.
Sin tu presencia soy como un vagabundo,
No tengo ni un solo lugar en el mundo.

Dios, ¿por qué me haces sufrir así?
¿Dónde está ese Dios que necesito en mí?
Si de verdad me estás oyendo, si de verdad estás,
mátame, piérdeme en este mundo esta noche,
pero devuélveme a mi querida Marianne.

Y gritando de dolor entre sollozos, se tira al suelo
y -AYYYYYY -grita. Ya no hay consuelo.
Sus ojos húmedos y rojos se cierran poco a poco,
Poco a poco, poco a poco…

¡POOOOOM!, y la ventana de repente se abre,
Se ve a una sombra femenina pasar rápida.
¿Será Marianne que viene de pasear?
¿Se habrá su paseo alargado y no me habrá olvidado?
¿O será una simple brisa que por mi casa ha pasado?

¡POOOOM! Se escucha de nuevo otro ruido aún
más fuerte que hace esta vez abrir las puertas.
Se ve de nuevo una figura femenina, esta vez más nítida,
pero la oscuridad y la niebla hacen que sea aún difícil
distinguir su rostro.

Haller se levanta del suelo, ve ese rostro femenino
que se asoma a lo lejos por la puerta.
Y sin pensarlo dos veces, sin mirar atrás,
se levanta y corre tras la joven a toda velocidad.

Coooorreeee, correee, y correee sin cesar,
hasta que de repente se tiene que parar.
La joven ya no está.

-Mariaaane, Marianee, ¿Dónde estás?
¿Por qué apareces y ya no estás?
¿ Ya no me quieres? ¿Ya no me amas?
Solo quiero verte una vez más y contigo siempre estar.

-Haller, acércate, acércate, paseemos juntos por este bosque.
Coge mi mano, acércate, vente aquí a mi lado.
Acércate hacia mí, amor, y ¡¡juntos siempre podremos estar!
¡ni la muerte nos separará!... ya ha pasado.
-Mi querida Marianne, no importa dónde vayamos
No me importa si nos perdemos en la oscuridad,
No me importan los caminos largos del bosque,
No me importa nada, solo tú.

Y con paso decidido tomó la mano de su amada,
Una mano distinta, fría, blanca y congelada.
Una mano sin vida, sin sangre por las venas.
Y su cuerpo tan delgado y sin color.

Pero qué más da la vida,
Pero qué más da el color.
Pero qué más da, si ya está con su amor.
Qué más da lo demás, si en Haller ya no hay dolor

Entraron en el bosque y caminaron.
Y caminaron y caminaron durante
Horas y horas entre niebla y oscuridad
Hasta que salieron y vieron un acantilado abismal.

-Ven amor mío, acércate aquí, a mi lado,
Más cerca, confía en mí, ven hacia mí, amado.
Agárrate, cógeme de la mano, saltemos juntos,
Comencemos a vlvir, dejemos de ser semidifuntos
en este mundo tan injusto.

 -Te seguí el primer día, querida mía,
Lo hice el primer día y lo seguiré haciendo una y otra vez.
¡Y nunca en la vida me cansaré!

Se tiran al mar sin dudar.
Él va cayendo ligeramente mientras
ella va desapareciendo y ascendiendo…
Y ¡boom!, ahí está, su cuerpo en el mar,
Pero no por mucho tiempo, pronto desaparecerá,
Igual que esas cenizas que hace poco él tuvo que tirar.

Rocío del Carmen Blanca Hernández

Lenore Ilustrada

¡Oh alma! ¡Oh Wilhelm!
¿Debo preocuparme por tu ausencia?
¿Debo llorar y sufrir por tu muerte?
O más bien, ¿debe mi corazón sollozar porque has sido
seducido por otra mujer?

Sé bien que has librado una dura batalla,
así como también sé que tu valentía y audacia a lo más alto
te han llevado.
Pero aquí me hallo ahora, viendo cómo todos los allegados
de los habitantes del pueblo
vuelven de la guerra y llenan de júbilo y alegría muchos
corazones.

Pero el mío se encuentra aún en soledad por tu ausencia.
Por cada momento aumenta mi desesperanza y no
encuentro la forma de que mi alma, desbordada por
intensos sentimientos de amor y pena,
encuentre paz.

Si es verdad que has muerto, deberé hacer caso a mi
anciana y sabia madre,
al fin y al cabo, es ley de vida morir, a cada uno le llega
su momento,
y tú, querido mío, llegarás al cielo como un héroe,
brillarás entre los más grandes,
y mi corazón, que no se te olvide, permanecerá eternamente
entregado a ti.

Pero ¿cómo sigo yo ahora?,
¿cómo puedo seguir sin ti sin sentirme perdida?
Y así es como, absorta por estas preguntas,
caí profundamente
rendida en manos del sueño.
Y fue ahí donde por fin pude verte.

Reconocí al momento aquellos cascos de caballo.
Mi corazón lo sabía, no se equivocaba, eras tú.
Y entonces tú,
tú y tu peculiar y ronca voz hicisteis acto de presencia.

Tus disculpas eran ahora innecesarias,
estabas aquí y ya nada más importaba,
teníamos la vida entera por delante
 para avivar nuestro poderoso amor.

De nada sirve ya recordar el sufrimiento pasado,
Ya solo podemos marchar juntos hacia la unión eterna.
Y sin esperar un momento, cabalgamos juntos a
gran velocidad
para llegar cuanto antes al esperado momento y lugar.

Pero ¿he de dudar de a dónde mi amado me quiere llevar?
Seguro que al paraíso, ¿verdad?
¿debo pararme a reflexionarlo un poco más?
¿debo dudar de este repentino feliz final?

Y tras adentrarnos, de repente, en una especie de
pozo abismal,
a mi amado no logro divisar, tan solo quedan de mi jinete
un par de huesos, sin más.
Y entonces la muerte me alcanza, me llega el final,
hasta aquí es donde Dios me ha querido llevar.

Pero entonces despierto de un sueño casi letal
y dubitativamente pienso,
¿no era que yo la acababa de palmar?
¡Ay, subconsciente mío!, ¿es que hasta en sueños he
de agonizar?
Pero lo peor de todo es que a mi amado no volveré a
ver hasta que Dios a mí me quiera llevar.

Mar Cañas Vidaller

An Mariannes Tod (versión Sturm und Drang)

-¡Oh, Marianne! ¡Oh, muerte!
¡Cuán desgarradora y cerca te siento
ahora que solo eres recuerdo!
¿Hay acaso tinta en mis venas para escribirte?
¿Hay acaso más memoria que tu ausencia?

Así el grito retumbó en la tierra
y Marianne tranquila y serena se elevó,
como espíritu sobre lo mortal,
como suspiro efímero de vida;
y reflejada en su mirada el juicio de Dios.

-Marianne, ¡ay, amada mía!, lo dejaste todo por mí,
vuestros dos corazones dejan de latir.
¿Qué hogar construiré ahora que tú no estás aquí?
Tu recuerdo, tu imagen, me persiguen en cada espejo,
y corre vuestra sangre en el lecho que abandonas.

El aire enmudeció y solo el crepitar del fuego
hacía murmullos en la oscura habitación.
La embrujada figura de la difunta dibujó una media luna
de blanca rosa, tierno amanecer, y dijo:

-Shh… Acércate, amado mío, y escucha mi voz:
imagen de Dios soy, consuelo del hombre.
Con un ángel me voy, a otro aquí dejo.
No temas, no te apenes, pues en paz me voy,
recuerdo de amadísima esposa y madre feliz llevo conmigo.

El fuego se estremeció y el negro de la noche
se iluminó de fantasmal luz:
el espíritu se abalanzó en eterno abrazo sobre el d
oliente esposo.
Frío y calor, ternura y muerte, caricia y puñalada

cruzaron el alma del mortal.
De pronto, silencio. Negro sepulcral.
Un cadáver sobre la cama, un hombre frente a ella.
   Y la certeza maldita de un nuevo amanecer.

Víctor Carrión Padilla

Marianne

¡Oh Marianne, postrada en el lecho,
roto y gritando me hallas,
sintiendo profundo dolor en el pecho
ganas de vida, hoy me fallas!
Corazón que fue tuyo
que palpitante te anhelaba,
entre lágrimas fluyo
¿Cómo no ver que te amaba?

De mí mereces llanto, pena,
dolor, gritos, sangre y luto.
¿Dirá tu alma cuál es mi condena
ahora que de ti no disfruto?
Si ante mí aparece tu fantasma,
que espero que así sea,
lo acompañaré con entusiasma
hasta que la luz blanca vea.

Aún te veo blanca como nieve
en la cama tumbada,
¿Cómo quieres que niegue
que eras la más hermosa de las hadas?
Estoy esperando a que Dios te lleve,
mi amada tejedora,
pues todo lo que en esta vida no tuvimos
lo tendrás en la otra.

Recuerdo cómo palabras intentabas pronunciar,
y que ni mis oídos ni mis ojos las entendieron.
Sonríes, mis manos no dejas de apretar.
Es ahora cuando todos mis sentimientos prendieron.
Saliste de casa de tus padres conmigo,
¡Soy el culpable de que la Muerte llegase a ti!
hacia la tumba te he conducido.
¡Señor te ruego que me lleves a mí!

No temas por tu alma, querida,
que el Señor sabe que estás llena de bondad.
Seguro que te tiene ofrecida
una silla en su celestial ciudad.
Lo único que consuelo me ofrece
es saber que con Dios estás.
Vivir sin ti merece
la promesa de que allí un sitio me guardarás.

Lucas da Rosa Hugo

Flashes al *Sturm und Drang* sobre la muerte

Y ahora, ¿qué?: Pensando en escribir sobre su muerte,
la muerte de Mariana
sería una poesía con dolor, ay, ay, ay,
porque ni palabras ni ideas hay
para expresar una piel con sangre,
unos ojos con lágrimas.

¡Por ella todo su corazón batía!
¡Ella era todo lo que él quería!
¡Oh Cielos! ¿Qué hacer con estos pensamientos
que no se callan en ningún momento?
¡Oh Cielos! ¿Qué hacer con estos recuerdos
que traen felicidad
engañosa porque no está?

Vamos ¡que no! ¡que no! ¡que no!
Nada de lloriquear
Fuuuuuu es el sonido del respiro hondo
para aceptar que está en el hoyo.
A su alma ya le vale,
está perdidita la pobre.
A su alma ya le vale,
solo vale ahora para lo fúnebre.

¡Flash! vuelve a su mente la escena:
¡Flash! se acerca a ella con gran pena
para escuchar de sus labios, ay, ay, ay
un sentimiento que ya no hay
igual en este mundo,
que al contrario de su ser es inmundo.

Vamos, ¡que no! ¡que no! ¡que no!,
sin posiblidad de huir:
A esa casa ya le vale,
está presente en cada rincón.

Al crio ya le vale
mimimi por ella como un llorón.
Sin posibilidad de huir.
¡Pero ruega al cielo que se los lleve así!

El corazón como ojos: fuente de lágrimas,
las lágrimas por tanta intimidad,
las lágrimas por la culpabilidad.
culpabilidad por dejarla preñá,
y que el parto se la haya "cargá",
¡Sí! El corazón como ojos: fuente de lágrimas.

A ver si en el cielo
aprende un poquito, cielo,
a cantar a cantar, ay, ay, ay.
A rezar, a rezar, ay, ay, ay.
a ver si aprender por qué está jodido,
si hay
algún motivo
para no estar consigo,
qué le espera el destino,
el destino de su amante abandonado.

A ver si en el si cielo
descubre cuánto
necesita ¡necesita!
volver a estar juntos
¡junto a ella!
¡ella!

Meryanne De la Rosa Charris

Dejáte

El pueblo nunca quiso pensar,
no quiere aprender y de repente,
¡PUM! Aprendió.
¿Quién le enseñó? Sus aplausos fueron.

Un infeliz ser al que el amor ciega,
la razón ignora, los bellos eriza,
la mente blanquea y ¡PUM!
Ya se equivocó, cayó, se arrodilló.
Sumiso ante los pies del burgués
que cual títere lo utiliza.

Arriba y abajo, movimientos ignorantes,
Arriba y abajo, ya está aprendiendo.
Arriba y abajo, ya se está enterando.
¿De qué? De lo que ellos quieren.
¿Qué quieren? Tu estupidez.

Ay estúpido, si tú aprendes errando
y te equivocas aprendiendo.
¿Esperas que tu mente mentirosa
reconozca la verdad de ellos?

Tu mente infantil es,
pero, Shhhh…
Tu conformismo habla.
¡Escúchalo! Dice verdades.

Déjate engañar,
que quien con los ojos cerrados vive,
baratijas compra,
la poesía odia,
a otros seres escucha,
y muere como los reyes en su ignorancia.

María Inmaculada Fernández Donado

Lenore en la Ilustración

Mis lamentos combaten por tu ausencia,
paso los días esperándote,
me embriaga un amor intenso hacia ti,
pero mi razón hace que se debilite, pensando que no volverás.

Quisiera reunirme contigo
y llenar mi vida de plena felicidad,
y no volver nunca a separarme de ti,
pero ando confusa y angustiada,
y llena de sufrimiento por estar junto a ti.
Me da fuerza tu palabra para estar en armonía
y en paz y entregarme a ti.

Eres el ser que ilumina mi vida,
que me llena de emociones puras y grandes esperanzas,
no concibo que estés lejos de mí, porque te necesito,
en cada lugar de mi vida.

Madre, siento desasosiego
dentro de mis entrañas y necesito que me tranquilices,
tus poderosas palabras podrán servirme de calma para
que mi corazón no llore por Guillermo.

Hija, confía en que la naturaleza del ser lo guiará y
velará por él,
comprende mi amargura y valora mi dolor madre,
¡Ay! Hija, qué decirte para tranquilizarte,
deseo que mis palabras lleguen dentro de tu mente,
y pierdas los miedos y tengas confianza.

¡Oh madre! ¿Pero cómo conseguirlo?,
que la luz celestial te envuelva y te llene de gozo y felicidad,
quiero saber con certeza que Guillermo me espera y
está vivo, el ser que amo en la Tierra.

Necesito la suave tranquilidad de las estrellas y la
claridad de la luna,
que me guíen por el buen camino a través de la oscuridad,
¿Pero cómo hacer para que me lleven hasta Guillermo?

Escucho una canción de los arcángeles que tintinean
como las campanas,
con cierta lentitud que presagia un fin distinto al deseado,
en la inmensidad del bosque rodeado de naturaleza,
las fugaces horas de la vida pasan como un suspiro.

Me mantengo con los brazos abiertos a que llegue con
anhelo mi amado Guillermo,
pero mi aliento va perdiendo fuerza y se va acabando
mi existencia,
como la llama de una vela al viento,
que se va extinguiendo poco a poco.

En mi espacio irrumpe una luz cegadora,
que me llama y me atrae para unirme por fin a mi amado.

Alicia Fernández Pérez

An Mariannes Tod

¡Oh, Mariane! Si en aquel momento solo hubiera sabido que nunca te volvería a ver, hubiera dicho lo que sentía de verdad, incluso llorado por ti. Pero ya es demasiado tarde, nunca te demostré cuánto te amaba y ahora me arrepiento porque no puedo dejar de pensar en ti, en todos los buenos momentos que pasamos juntos. Todavía guardo en la memoria tu cara de emoción cada vez que te hablaba sobre mis descubrimientos, si supieras la tristeza que me consume al recordar cómo en aquella cama empalidecías y aunque intentabas abrir la boca ningún sonido salía. Yo me acerqué a ti y tú posaste tu mano sobre la mía y con un hilo de voz dijiste:

-No sufras por mí, amor. Ya no siento dolor. Debes mantenerte fuerte y ser feliz. Incluso después de la muerte siempre te seguiré amando. No lo olvides nunca.

¿Cómo podría ser capaz de olvidarlo después de todo lo que hiciste por mí, Mariane? Incluso tu último aliento lo dedicaste a mí, ¡cuánto temías mi sufrimiento! Me dijiste que no sufriera, pero no puedo evitarlo, ¡perdóname!

Aunque ha pasado tanto tiempo no puedo aceptar tu pérdida, yo creía que viviríamos juntos para siempre y formaríamos una familia, pero quizás por eso has muerto. ¡Todo ha sido mi culpa! Yo te traje aquí, abandonaste a tu familia para estar conmigo y metí en tu cabeza la idea de tener un hijo, a pesar de que tú pensabas que era demasiado pronto. Ojalá nunca lo hubiera hecho, ojalá te hubiera escuchado, pero te amaba tanto, Mariane, que me apresuré, me dejé llevar por mis emociones, ¿y para qué? Mis decisiones solo te han llevado a la tumba, a ti y al hijo que tanto quería. Todavía por las noches niños y niñas vestidos de blanco vienen a mí; sus rostros están descoloridos y son escuálidos, se asemejan más a calaveras que a seres humanos. Puedo escuchar sus pisadas en el suelo al acercarse a la cama:

-Tap, tap, tap, tap.

Y después me susurran cosas atroces al oído, también preguntan por ti, Mariane.

-P-padre, ¿a d-dónde ha ido ma-mamá? -titubean, y yo me despierto con el corazón en la garganta, cubierto de sudor y gritando tu nombre. Y a veces me pregunto si son solo sueños o es real. ¿Soy culpable? ¿Tú no me guardas rencor, verdad? Me han ofrecido un puesto importante en la universidad pero no puedo aguantar más, debo irme, Mariane, ¡me estoy volviendo loco!

¿Qué hago? ¿A dónde voy? No puedo estar más en esta casa, tiene demasiados recuerdos, te veo en cada esquina, puedo oler tu perfume en cada habitación, incluso puedo sentir el tacto de tu cabello en las yemas de los dedos. A veces salgo a pasear por la ciudad buscando inspiración para escribir y voy al jardín botánico de Gotinga. ¡Ah, cómo te gustaban las plantas! ¡Casi tanto como a mí! Incluso cuando intento no pensar en ti, lo hago. ¿Con quién compartiré ahora este pasatiempo? ¿Con mis colegas de la universidad? ¡No es lo mismo, Mariane! Nunca te lo dije, pero me encantaba hablar contigo, ver como tus ojos se iluminaban cada vez que te enseñaba algo nuevo, me hacía sentir querido, alabado, ¿quién me mirará de esa manera ahora? ¡Nadie!

¿Por qué Dios os llevó a vosotros en vez de a mí? ¿Por qué os apartó tan cruelmente de mi lado? ¡No merezco seguir viviendo! ¿Pero, qué puedo hacer? Solo me queda la resignación de esperar a que volvamos a encontrarnos, ¿por qué no hacerlo ahora mismo que nadie me ve? Sé lo que debes estar pensando:

-¡No, amor mío! ¡No hagas que la desesperación te deje caer en la tentación!

Ya lo sé, pero no sabes lo doloroso que para mí es estar solo. No temas, no lo haré, quizás Dios me dejó vivir, porque todavía tengo un cometido aquí, quizás mi destino era perderte y que yo supiera lo que es este dolor. Tal vez quiere darme una lección por dejar de lado mis sentimientos, centrarme demasiado en el trabajo y no demostrarte todo lo que te amaba cada día. No volveré a cometer los mismos fallos, Mariane, si alguna vez me vuelvo a enamorar prometo ser más atento. Pensar en esto me llena de ilusión, pero también de tristeza porque sé que nunca voy a encontrar a una persona que me haga tan feliz como tú lo hiciste, pero desde tu muerte echo de menos la sensación de saber que siempre voy a poder confiar en alguien, que aunque el mundo se pusiera en mi contra tú siempre me apoyarías. Sé que no debo cerrar mi corazón pero, ¿de verdad alguien como yo se merece estar enamorado otra vez? ¿No te estaría deshonrando? ¿Y si me enamorase de nuevo y todo esto se volviera a repetir? ¡No podría soportarlo!

Mi único consuelo es que ahora no sientes dolor y que en el paraíso con nuestro hijo estás, hermosa, rodeada de ángeles y envuelta en luz celestial, rezando por mí como lo hacías cuando todavía estabas aquí. ¡Espera! ¡Espérame, Mariane! ¡Cómo ansío el día en el que nos reencontremos!

Rocío Fernández Ruiz

Marianne

¡Oh Marianne! Tus suspiros son como puñales en mi alma. ¡Oh Marianne! Qué desgracia y tristeza y pena y dolor siento al ver cómo te vas de aquí. Mi alma no entiende de tu partida y tu ausencia pesa dentro de mí.

Mi dolor es tan grande como el amor que por ti siento, el amor que siempre has merecido. Tu imagen feliz permanece en mí, mi amor permanece en ti. Tu recuerdo siempre estará en mi ser, en cada risa y en cada lágrima, en cada tic-tac del tiempo que me queda, tiempo que viviré recordando a un gran amor, ¡a mi gran felicidad!

Mi alma se encuentra confusa, en un vaivén de amor y pena. ¡Ay! Si Dios pudiera cambiar esta situación. La tinta de mi pluma son tus lágrimas, donde antes escribía nuestros momentos juntos: risas, besos, atardeceres, abrazos y momentos en los que pensábamos que seríamos eternos, ahora solo plasmo el vacío que has dejado en mi.

Aún recuerdo aquel día cuando acaricié tu piel de nieve y utilizaste tus últimos suspiros para calmar mis miedos. ¡Absurda muerte! ¿Por qué no me llevas a mi? El mundo necesita personas como Mariane, su joven rostro y su bondad no pueden desaparecer en un flash.

¡Dios mío! ¿A dónde voy sin ti? ¡Oh! No hay un lugar que no me recuerde a ti. En esta casa te he visto marchar, y mi dolor bajo este techo es tan grande como el mar. No sé a qué lugar debo ir para encontrarme contigo y que el recuerdo de tu belleza no me hunda en esta pena. ¡Ay! Tu imagen quema como fuego dentro de mi alma.

¡Mi gran amor! Tú, que abandonaste todo, tú, que abandonaste a todos para estar conmigo, ahora me abandonas a mí. Renunciaste a tu felicidad para verme feliz, y por mi culpa ahora estás en una tumba.

Mi única felicidad es saber que allí estarás mejor. No desayunaremos al alba, ni cenaremos al atardecer, pero cuando mire al cielo azul como el mar, sabré que, amada mía, cantando con los ángeles estarás. La luz celestial ilumina tus bellos ojos azabache, y yo, que muero por verte y abrazarte y besarte y sentirte otra vez.

¡Ay! ¡No veo la hora para reunirnos de nuevo!

Alba López Polo

An Marianne Tod.

Los días pasan y la oscuridad de la noche me inunda con tus recuerdos. Tus últimos momentos con vida me atormentan. ¡Oh Marianne! ¿Cómo no pude ver tu sufrimiento aquel día?

-Querido, el momento ha llegado. ¡Corre, corre, nuestro hijo viene en camino! –dijo Marianne.

¡Tac tac tac tac!

-¡Marianne, qué alegría me supone! ¡Al fin ha llegado el momento! –dije.

-¡Corre, corre! ¡Llama a un médico, el bebé va a llegar! –dijo Marianne.

Jamás pensé que esas serían las últimas palabras que de tus labios vería brotar. ¡Mi querida Marianne, cuánto lo lamento! La culpa me mata cada segundo del día... ¿Quién podría pensar que un día como aquél te perdería?

Volví corriendo junto al médico a nuestro lecho. Entonces te vi allí, permanecías inmóvil...

-Marianne -susurré. "No puede ser", pensé.

El médico se acercó deprisa, tu rostro yacía blanco, entonces me miró sin esperanzas.

-Lo siento mucho. Su esposa ha fallecido –dijo.

En ese momento miles de recuerdos inundaron mi alma.

-¡Oh Marianne! –grité, ahogado con mis lágrimas. No podía soportar ese dolor. Como un niño pequeño me tiré al suelo, y grité,, y lloré y maldije a Dios por hacerme esto. ¿Cómo podía haberte arrebatado de mis brazos?

Oí pisadas a lo lejos

-Tap, tap, tap...

Pronto alguien llamó a la puerta.

-Pom, pom.

No me importó, nadie podía apagar el dolor que sentía. ¡Mi Marianne, solo importas tú!

Comencé a oír susurros dentro de nuestro hogar. Poco a poco los vecinos se acercaron a verte, a ver mi cruda realidad. Algunos intentaron calmar mi dolor.

"Qué necios", pensé. Nadie podría jamás hacerme olvidar lo que siento por ti. Otros enmudecieron al ver el dolor en mi rostro.

"Nunca me entenderéis. Solo quiero morir y estar de nuevo a tu lado", pensé.

Desde aquel fatídico día no paro de recordarte, la soledad me invade y siento un dolor desgarrador dentro de mi pecho.

Los días los paso contemplando la entrada del que era nuestro hogar y muero de dolor esperando que aparezcas por esa puerta, por la que entrabas a diario con una cálida y dulce sonrisa, y que todo haya sido una macabra pesadilla.

¿Por qué tuviste que ser tú? ¿Por qué tuviste que dejarme solo? Dime, amor mío ¿Qué se supone que debo hacer? Olvidarte no puedo, por más que lo intento, porque todo me recuerda a ti. Todos los días creo sentir tu presencia a mi lado, pero nunca estás, querida mía, nunca estás… Tu aroma me invade cuando paseo por las calles, ahora solitarias sin ti.

Las semanas y los meses han pasado, aunque el dolor cada día es mayor. Intento continuar con mi vida, pero sin ti no es posible, porque contigo la vida tenía sentido y al fin pude encontrar la paz dentro de mí que tanto buscaba. La eterna paz que aquel día encontraste…

Siempre leí historias de pérdida y de dolor, aunque nunca pensé que podrían ser reales. Ese dolor parecía tan teatral que jamás llegué a pensar que yo podría pasar por algo así. Ahora solo me queda esperar para poder volver a estar junto a ti. Deseo volverte a abrazar y pasar el resto de la eternidad junto a ti, tal y como deseaba pasar el resto de mi vida. Cuento el tiempo que me falta:

-Tic, tac, tic, tac.

El segundero avanza, pero no todo lo rápido que mi alma necesita. Los segundos se han vuelto horas, los minutos años y las horas son toda una eternidad. ¡Que dura es la vida cuando quieres que llegue el final! ¡Pronto mi Marianne! Te prometo que pronto estaremos juntos de nuevo porque pronto le pondré a mi vida final.

M. Alessandra Moog

Lenore in der Aufklärung

Lenore, die junge und stürmische Frau,
Eine Liebende mit wenig Sinn und Verstand,
Gelüstete einst im Morgentau
Nach ihres Geliebten warmer Hand.
Doch spürte zugleich sie mit Angst und mit Wut:
Kommt er nicht mehr zurück, so wird nichts mehr gut!

Lenore, die junge und launische Braut,
Misstraute dem Liebsten in seiner Treue.
Sobald wieder ein neuer Morgen graut´,
Verdächtigte sie ihren Freund schon aufs Neue –
Dass der Treue fernab sich vergnügte und log,
Sie mit anderen Damen in Selbstsucht betrog.

Es war Krieg und Lenores Freund fiel als Soldat,
Litt im Kampf und lag im Lazarett,
Als Lenore daheim mit den Hufen scharrt´,
Dachte er an sie auf seinem Sterbebett.
Bald der Krieg war vorbei, das Heer zog wieder ein,
Doch fiebernd´ Lenore stand im Stadttor allein.

Ein Zetern und Schreien, ein Zürnen und Klagen
Erhob sich aus ihrem verformten Mund,
Sie war wie ein Tier, ohne Denken und Fragen,
Und verfluchte die Welt ohne sinnvollen Grund.
Zeigen wahrhafte Liebe und Trauer sich hier?
Zeigt Lenore nicht eher ihre schlechte Natur?

Denn Lenore nie liebte den armen Soldaten,
Dem sie niemals ihr vollstes Vertrauen gegeben,
Und sie konnte nicht treu und in Würde warten,
Auf ein ehrliches, freudiges Eheleben.
Sie litt nicht, weil sie liebte, sie litt nicht um den Freund,
Sie hat nur um den eigenen Nachteil geweint.

O Lenore, du falsche, verlorene Brut,
Stürzt die Mutter in deinen Skandal!
Sie muss erleiden, was ihre Tochter da tut,
Völlig kopflos und maßlos in der Qual.
Und die Mutter sprach ihr mit Verständnis zu,
Dass Lenore nun nichts Unbedachtes tu´.

Statt sich tief zu versenken, den Schmerz zu ergründen,
Hob Lenore ein Jammerspiel an,
Statt sich selbst zu betrachten, die Wahrheit zu finden,
Lenore sich selbst zu verletzen begann.
Wenn ein Mensch seine Triebe nicht mehr kontrolliert,
Dann riskiert er, dass er den Verstand verliert.

Und so kam es, dass noch in derselben Nacht,
Lenore gar furchtbar zu Tode kam,
Die Frau hat sich um den Verstand gebracht,
Und der Wahnsinn ihr schließlich das Leben nahm.
O Lenore, hättest du deine Mutter beachtet,
Hättest du dich in Tobsucht nicht selbst geschlachtet!

Eine Lehre sei uns der Lenore Verhängnis!
Denn sie wurde nie wieder gesund.
Sie sah Schimmer und Schatten in ihrer Bedrängnis
Und den Liebsten zur Geisterstund´.
Lenore, du Törichte, konntest nicht mehr klar denken
Und wolltest am Friedhof dem Liebsten dich schenken.

Drum erfahrt wie Lenore sich selbst aus dem Dasein
In den Wahnsinn der Triebe schickte:
Die Besessenheit zog in die Glieder ein
Und sie fluchte und weinte und zuckte.
Hätte sie eine ehrliche Liebe empfunden,
Hätte sie seinen Tod wie ein Mensch überwunden.

Der Schmerz um den Freund, den man einstmals geliebt,
Gleicht dem Sonnenuntergang.
Doch die Sonne am Morgen neu Hoffnung gibt,
Mit der zwitschernden Vögel vertrautem Klang.
Hat der Mensch keine Liebe, sondern nur Obsession

Dann regieren die Triebe, sitzt der Wahn auf dem Thron.

So begann denn Lenore Gespenster zu sehen,
Die aus Fieberwahn ihr erschienen,
Sah ihren Liebsten vor der Türe stehen,
Der sagte, er wolle als Bräutigam dienen.
Ein törichter Mensch, ohne Sinn und Verstand,
Nahm Lenore des Liebsten Geisterhand.

Wie schlafwandelnd schritt da Lenore allein
Und glaubte ihn an ihrer Seite
Und wollte mit ihm ganz verbunden sein
Und rief auch die Nachbarsleute.
Denn der niedere Mensch, ohne Geisteskritik,
Gibt auf Status und Ansehen mehr als sich schickt.

Als die Nachbarsleut dann die Lenore fanden
Konnte man es beinah nicht glauben:
Auf dem Friedhof sie traurig und ratlos standen
In murmelnden Menschentrauben.
Dass der Mensch sich besessen in Wahnsinn versteigt,
Wenn er nicht reflektiert, das hat uns Lenore gezeigt.

María de los Ángeles Moya

Serena Lenore

Dormitando Lenore en su alcoba está.
Largas esperas de tus cartas al viento van.
Humedecidos sus ojos a causa del amor están.

En la calle, muchedumbre alegre a la plaza va,
acompañando a la música militar está.

Un aliento de voz levanta a Lenore ya.
Sus ojos buscando a Guillermo están.
Una vez concluido el desfile militar,
Lenore pregunta: Guillermo," ¿ dónde estás ?"
Y Guillermo contesta: "en el otro mundo estoy ya ".
Lenore, ¿te quieres venir conmigo ?
Por supuesto, amado mío, y hasta el fin del mundo.
Pero no ahora, Guillermo, esperemos
la llegada de los ruiseñores del invierno.
Lenore, todo es canto, todo es serenidad en el más allá.

Cuando se entra en el tortuoso túnel del invierno,
profundo es el pensamiento cuando en él se vive inmerso
intensamente lleno del más hondo sentimiento.

Calla, calla, Guillermo, con tu dulce pensamiento,
que huelen los profundos narcisos de tu conocimiento,
que dormita el corazón que se alberga en tu encantamiento.

Vive complaciente cuando se oye en la letanía el cantar
de un alegre ruiseñor, canta, duerme, mi niño duérmete ya,
que pronto amanecerá un nuevo día con un nuevo despertar,
 un nuevo día con otro pensamiento en la cima del pedestal.

Alma errante la tuya, cabalga sin cesar noche y día,
que por los rincones de mi alma caminan y hasta me vigilan.

Tranquilo mi cuerpo está, al conocer de tu eterno descanso
ya,
descanso y alegro mi pensamiento al escuchar el suave
sonido
de la brisa del mar, sí, Guillermo, de la madre del mar,
como si mostrara al mundo tu último sorbo de vida en el altar.

Ahora tu pensamiento, Guillermo, no me causa sufrimiento,
Sino que sube y baja por las escaleras de mis sentimientos.
Dándole las gracias a la certeza de tu ausencia, ya que
no suenan
como antes los relámpagos en la profundidad de mi cuerpo.

Ahora nacen ventanas de pensamiento abiertas,
para mecer al viento, para invocar al razonamiento,
para ser destinadas a tu eterno conocimiento,
para sembrar en nuestro huerto las semillas
de nuestros sentimientos, que sosegados ya,
por la brisa del viento, que se va sumergiendo ya,
de entre lo hondo de nuestros pensamientos.

Hija, ¿qué se oye en la letanía ? ,
¿ acaso son bandadas de pájaros ?,
¿ o quizás son caballos que se estremecen al galopar ?
Madre, se oye y se huele a primavera nueva.
Que preparen, madre, que preparen el jardín
Que al alma de mi amado Guillermo
viene mañana a visitar.
Bien recibido, hija mía, sea Guillermo.

Madre, nada quiero de fuente fría,
ni nada de escarcha perenne,
tan solo quiero, madre, beber de su boca fría.
. . . .
En el dulce atardecer de otoño,
apretamos intensamente nuestras manos
y miramos hacia el cielo azul,
para pintar un arcoíris de papel,
para así verter nuestros pensamientos
al mar, a la brisa de tu vergel

y hasta la ternura del viento.

¡Lenore, Lenore, implora a Dios
para que te proteja en su regazo!

¡Madre, no me encomiendes a Dios por mi sentimiento!
Y si dormido para siempre está Guillermo,
correré por los laberintos de su pensamiento,
correré por las llanuras de su ternura en invierno,
me mojaré de su lluvia en el manantial de su desmesura,
me caeré para después poder levantarme con holgura,
para sumergirme hacia su sentimiento libre ya de amargura.

Lenore, Lenore, hija mía, ¡encomienda a Dios tu pasión !
¡No, madre, Dios, ya no tiene cabida en esta mi vida mía!
Ya no me apaga la muerte de Guillermo, madre mía,
ya no temo a la vida, esta única vida mía,
ya solo bastan mi cuerpo y mi alma
para seguir el sendero de mi vida.

Caminando sola y apacible por la vía iluminada de la vida.
Guillermo, ahora solo me basta tu firme recuerdo
para amarme y amarrarme a la vida
como las raíces del árbol se amarran a la tierra.
Fuerte se ha tornado ya esta hija de la tierra.

¡Hija, Dios te protegerá, Dios es bondadoso, Lenore!
¡ Madre, generosos son ya mi cuerpo y mi alma!

¿No oyes eso, madre, ? El eco, madre,
sí, oigo el eco de la llamada desde la letanía,
¡Lenore, Lenore, soy Guillermo !
¿ cómo estás, amada mía ?
Cuidando las flores de nuestro jardín, amado mío.
Quiero que estén exuberantes para el día de la boda.
Entra, Guillermo y empuja con fuerza la puerta
Lenore, Lenore, amada mía:
¿ éstas son las flores de nuestro jardín ?
Sí, entre rosas y lirios bailas tú,
prisionera de un pequeño frasco de perfume del recuerdo.

Lenore, embriagado estoy de tu fragancia a jazmín,
Quiero decirte algo , Lenore:
calla, Guillermo, calla, que cantan los ruiseñores
en el huerto, en tu sembrado y fértil huerto,
en tu jardín, en nuestro jardín, Guillermo.

Mujer agradecida eres, Lenore,
Orgulloso al hombre conviertes.
Y por tanto placer que siento
por esta vida humana
que ante mis ojos tengo,
pues a mi mente llega este pensamiento:
¿Te quieres casar conmigo, Lenore?
¡Casémonos, Guillermo, y avisa
al viento para que transmita nuestros sentimientos!

(Se oye a lo lejos el dulce cantar de un ruiseñor)

Venga, Lenore, monta en el lomo de mi caballo,
que juntos desafiaremos al viento.
Hace frío, Guillermo, ha llegado ya el duro invierno.
Junto a mi pecho, Lenore, solo calor te proporcionará.
Guillermo, galopa fuerte y desafía al viento,
la muerte nos acecha día y noche.
¡Viva y fuerte mujer quiero ser!,
¡Para así, tu cuerpo gozar !
¡Que suenen las campanas, ya, Guillermo!
¡Que acudan las orquestas y el coro a cantar!
¡Que radiante y feliz para ti quiero estar!

Calla, Lenore, calla,
que de la tumba no me puedo levantar.

(Lenore se despierta del sueño)

Guillermo, amado mío, ¿dónde estás?
Madre, madre, dime que Guillermo
pronto vendrá para vestirse de púrpura
Y para subir al altar y decirme :
"Lenore, mi amor tendrás".

José Alberto Sánchez Berbegal

Marianne

Se produce un diálogo entre un toxicómano que ha perdido a su amada y una vecina que trataba de ayudarlo. El hombre se enganchó al alcohol para mitigar el dolor que le causaba ver sufrir a su amada. Con la muerte de ella, perdió su trabajo en el campo y su humilde casa, además de sufrir varios comas alcohólicos.

-¡Oh Mariane, Mariane! En mí dejas un gran
vacío. Mi corazón queda vacío
cuando pido a Dios que me lleve contigo
y lloro en el suelo sin parar.

¡Pla, pla, pla! Con rabia el suelo golpeaba,
mientras a la vecina con desconsuelo suplicaba
que con su sufrimiento rápidamente acabara.
-¡Todavía recuerdo nuestra felicidad! ¡Mariane, Mariane!

El corazón del amado estaba roto y apenado.
-¡Vecina, vecina! ¡Quiero morir! Acaba con este
sufrimiento, que ha dejado mi vida vacía y fría-
suplicaba pasionalmente el destrozado amado.

-¡Recordar tus últimos momentos de vida
hace que no pueda evitar llorar! ¡Tu infinita bondad te hizo
querer transmitirme paz! ¡Cuánto temías mi sufrimiento!
Pensaste en mí hasta que te quedaste sin aliento.

-¡Mariane! ¡Mi vida sin ti no tiene sentido! ¡Ay, ay!
¿A dónde huyo?- -A Dios debes rezar -le decía la vecina.
-¡Yo no quiero a Dios! ¡Quiero a Mariane! ¡Todo me
recuerda a ti! ¡Mariane, Mariane! ¡Contigo me quiero unir!
-¡Chss! ¡Chss! Quiero estar en silencio.

¡Mariane! ¡Tú me elegiste a mí! ¡Yo te alejé
de los tuyos! ¡Mira a donde te he llevado!.
El amado intentó frente a la vecina suicidarse.

-Colgarte de una soga es de cobardes -dijo la vecina
al impedir el suicidio-. Rehaz tu vida y olvida
la soga y olvida lo ocurrido y no te lamentes; Mariane
no va a volver -concluyó mientras se iba.

¡Crac, crac, crac! Crujía la rama de un roble mientras
de ella el amado una soga colgaba.
-¡Mariane! ¡Debes verte muy bella allí arriba!
¡Espérame! Pronto nos reuniremos otra vez.

-¡Aaaaaahhhh! -exclamó a la mañana siguiente la vecina.
-No pudo soportar la pérdida.

Alicia Troncoso Castillo

Poema

-El populacho nunca piensa -escribía un señor indignado-,
ojalá la razón prevaleciera a la emoción -decía enfadado,
-La emoción está sobrevalorada -selló con su
plumón impregnado,
-dicen cosas sin pensar como si lo hubieran reflexionado.
-Para mí una conversación intelectual es fundamental
para la vida,
qué lástima que mi pasión con los demás no sea compartida,
 ya sé lo que haré… publicaré esto,
así con los demás compartiré mi intelecto.

Así fue como el papel se repartió por todas las calles,
''Cómo usar la razón''. ponía en el título en grande,
en el papel el instruido lo explicaba con detalles,
ahora mira por la ventana para ver cómo se expande.
Pero pobre del culto sujeto, su mujer muy débil estaba,
ahora la vida de él se burlaba. pues a la chica la muerte
 le rondaba,
no era difícil adivinar cómo la historia acababa,
con sus últimas palabras ella a él alentaba.

En un pueblo escondido el hombre ilustrado perdió
 a su amada,
la chica que en la cama yacía, sobre la almohada vencía
su cabeza,
con el intento de dar luz a otra vida, se vio la suya afectada,
se puede contemplar cómo su piel a empalidecer empieza;
Ha cerrado sus ojos, que ya no ven como despedida,
pero el hombre ilustrado aún su mano tiene cogida,
mirando a través de sus gafas ningún sentimiento expresa,
disfrazado de aceptación el dorsal de su mano besa.

Por el dolor y la desolación su mente era gobernada,
y los pensamientos reflexivos sobre la muerte no cesaban,

recuerda las últimas palabras de forma aproximada,
son imágenes ruidosas que una y otra vez brotaban.
¡Pero oh! Él quiere mantener a raya la tristeza,
Y sabe bien que es parte del ciclo de la naturaleza,
Pero de los sentimientos el alma está presa,
Y el ser humano por necesidad los expresa.

El hombre culto desesperado construye una barrera,
Intenta abandonar todo lo que le recuerda a ella,
por desgracia la emoción siempre le supera,
pobre desgraciado que aún su boca sella.
Poco a poco, pobre loco, de su ser se apodera,
su interior se incendia y arde como una caldera,
¡pom pom, pom pom!, golpea con fuerza,
ya quiere salir fuera y hace que se retuerza.

Las lágrimas de sus ojos salieron como una fuente,
apretó y mordió su labio hasta que lo manchó de sangre,
dio un grito desgarrador como si fuera un demente,
se tiró al suelo, su ropa llenó de mugre.
Sintió como se hundía en el abismo,
ante sus ojos su amada apareció como un espejismo,
agradecido por lo que le mostraba su sentido,
dijo: -¡Marianne! ¡Ahí estás! ¿Dónde te habías metido?

Sin embargo, en apenas un segundo ella salió por una calle,
su piel se erizó de frío como si se hubiera helado,
él se asustó por perder de vista su talle,
no se podía mover como si le hubiesen atado.
-Oh Marianne! Quiero agarrar tu mano hasta romper
 mi muñeca!,
¡No me importa que mi sangre se derrame y que mi
 vena quede seca!
Oh Marianne! Solo la lógica sin emociones es lo que
 me agrada,
siento dolor y por ese médico inepto moriste desangrada".

Finalmente la emoción se había vuelto más poderosa,
la razón había caído y la cabeza había perdido,
de un lado a otro comienza a correr de forma escandalosa,

a los aldeanos preguntaba a dónde su mujer había ido.
Los aldeanos quedaron impactados ante aquel imprevisto,
él no podía creerlo, pero le parecía haberla visto,
se abre paso ahora, entre la multitud gritando en su
madura adultez,
todo el mundo pensaba: "Oh, pobre, perdió la sensatez".

Él se dirigió hacia donde él vio a su amada,
su vista gradualmente se nublaba,
y entonces de un salto despertó sobre su almohada,
por su mejilla una gota de sudor resbalaba.
Más tarde, con el sol del mediodía,
salió de su casa para ir a la plaza,
pero no se percató de que algo extraño sucedía,
él a paso ligero su camino por el pueblo traza.

Nadie le miraba raro por el numerito del otro día,
sería que lo había imaginado, ¡Sí! ¡Eso sería!
Hoy todo el mundo andaba serio, sin ninguna expresión,
finalmente algo captó su atención.
Un hombre del pueblo había ganado la lotería,
pero este no mostraba signo de alegría.
-Nunca está de más tener más dinero -dijo. sin
mostrar desasosiego,
nunca nadie había manifestado por el dinero tal desapego.

Más adelante, continuando con su camino,
se topó con una mujer que viuda había quedado,
estaba de pie frente a la tumba de su marido,
-Todo el mundo muere un día -dijo en tono relajado.
-Vaya con la señora, nada le importa un comino,
ni siquiera la muerte de su propio marido
Las palabras del culto en maldición se habían convertido,
sin embargo este aún no lo había advertido.

De vuelta el señor continúo su camino,
miró la oscura iglesia cercana que parecía ahora derrumbada,
se escuchó entonces un estruendo horrible y repentino,
personas salieron de allí con una bolsa de oro ocupada.
La iglesia por dentro estaban desmantelando,

la emoción del miedo se había anulado,
por lo tanto, a la muerte no se temía,
 ni tampoco fe en dios se tenía.

El señor culto a uno de los aldeanos preguntó:
-¿Por qué en la iglesia entraste y todo el oro cogiste?
Este le miró y entonces respondió:
-Nosotros pasamos hambre y la virgen de oro se viste,
¿Por qué tal gasto innecesario aún en la actualidad existe?
Esa reflexión de pronto le embiste,
-Antes era yo el único que había llegado a tal conclusión,
Es extraño que haya ciudadanos ahora con esa opinión.

Comenzó a pensar con detenimiento,
-¿Qué ocurre aquí? Usan la razón,
además parecen no tener ya sentimientos,
es como si no tuvieran corazón.
Siguió investigando entonces las personas del lugar,
caminó hasta que comenzó a madrugar,
se encontró con una familia bastante peculiar,
parecía que con la pobreza tenían que lidiar.

Poco a poco, la distancia entre ellos se acortaba,
la familia por una pareja y cuatro hijos estaba formada,
el camino poco a poco se estrechaba,
la mirada del padre al hombre culto alarmaba.
La familia que por el hambre desesperaba,
pensaba comerse al primero que pasara,
el hombre culto al ver la navaja se dio cuenta de su intención,
uno de los hijos agarró y amenazó como protección.

-Si das un paso más el que sufrirá será tu hijo
-dijo el culto para dejarle paralizado,
-vete de aquí, te lo exijo.
Sin embargo, la respuesta le dejó aterrado.
-No pasa nada, tengo más hijos,
Además morirán si no les doy comida y cobijo,
habrá que sacrificar a uno para salvar al resto,
¿No crees que es de gran intelecto?

-¿Qué hay del respeto por la vida humana?
dijo el culto totalmente desconcertado,
¿crees normal dejar morir a tu hijo en edad temprana?,
es un pensamiento disparatado.
-Intentaba matarte a ti para comer,
pero si no te dejas, a él se lo tendré que hacer,
ya sé que es mi propio hijo,
pero la supervivencia elijo.

-¡¿Acaso sin sentimientos no hay sentido común?!,
¡¿soy el único racional con sentimientos?!,
 No le encuentro la lógica aún,
no le encuentro fundamentos.
El antiguo ilustrado se había rendido,
todo esto no tenía ni lógica ni sentido,
pero para una persona sin sentimientos,
es fácil matar sin arrepentimientos.

Entonces huyó de allí corriendo,
la familia le pisaba los talones,
eran rápidos y le dejaban sin aliento,
se había dado cuenta con todas estas acciones.
No merece la pena vivir en un mundo sin emociones,
Los seres humanos pierden todos sus valores,
todos son malas personas, son peores,
actúan estos como simples predadores.

Entró en su casa y cerró con llave,
-No puedo vivir en este mundo infame,
no sé que hacer, esto es demasiado grave,
tengo que hacer que el mundo de vuelta ame.
Entonces, como en el inicio, escribió una carta guía,
en ella explicaba el mundo que de vuelta quería,
como la familia que le perseguía se había ido,
repartió los papeles por la ciudad sin hacer ruido.

Pero al volver a casa por la ventana vio,
otra escena ruin que lo abatió,
en su vieja pena de nuevo se envolvió,
y tras todo esto, desesperado, dimitió.

¿Qué había hecho con este mundo ahora sin esperanza?,
Todo en la vida necesita una balanza,
muy tarde se había dado cuenta de su error,
había causado en el mundo un horror.

Entonces el mundo a la normalidad volvió,
todo el mundo de nuevo amar podía,
pero el pobre ilustrado ni cuenta se dio,
sin esperanza, con su dolor interno seguía,
por la noche su muerte pidió,
y una cerilla de noche sola se prendió,
todo estaba en llamas, la madera ardió,
él con la casa ardiendo, de noche murió.

José Antonio Vasco

Marianne

Voy a cantar tu muerte.
¡Oh Mariane! No puedo cantar,
porque estoy llorando
y las palabras no puedo ordenar.
El placer que sentí contigo
hace que ahora esté más triste.
¡Oh, Dios! Ahora pienso en ti
y me pongo otra vez triste.

Mi amor fue tan fuerte como una roca
y era todo tuyo,
y tu imagen permanece en mí,
y no puedo borrarla.
Ahora en mi casa te lloro
y solo agarro lo poco que tenías.
¡Ay! Pienso en ti,
me duele o me alegra.

No voy a escribir un texto de lamentos
ni un poema quejicoso.
Solo voy a escribir lo que me sale
cuando pienso en ti. ¡Ay!
Mariane, digo lo que pienso,
no sé si amor o pena,
imágenes de tu muerte
O imágenes de nuestro amor.

Veo como mueres
y me acerco a ti
y tú reúnes fuerzas
para decirme algo por última vez:
-Te amo -dijiste.
-Yo sí que te amo -respondí.
Eran palabras de amor

o sanantes.

Ahora sin ti no sé dónde ir.
¡Ay! Todo me recuerda a ti.
Aquí donde vivías,
donde estabas conmigo.
Solo con pensar en ti,
me entristezco.
Ahora sin ti no sé dónde ir.
¡Ay! Todo me recuerda a ti.

¿No debo llorar?
¿Solo me tenías a mí?
¿Me elegiste?
Y me convertí en el único.
Pero estando conmigo,
te alejé de todo lo tuyo,
y ahora,
has muerto.

Allí tienes una luz
como si fuera yo.
Cantas con los ángeles
y me lo dedicas.
Sabes que sufro
cuando Dios explica el sufrimiento.
Tu muerte nos separó
y yo sin ti muero.
¡Ay, Dios mío! ¡Qué pena!

Eras bellísima,
tanto como un amanecer.
Ahora estás en el cielo.
Espérame.
Eso es lo que quiero,
ya voy a estar contigo,
que muero sin ti.

Diana Visintin

LA MORTE DI MARIANNE

Questo poema racconta la storia di Marianne. La donna si trovava su una sedia perché tentava di recuperare l'elicottero giocattolo del figlio, impigliato tra i rami dell'albero. Mentre Marianne cadeva dalla sedia rompendosi l'osso del collo, il marito si trovava al lavoro. Marianne morì sul colpo.

Este poema cuenta la historia de Marianne. La mujer estaba en una silla porque estaba tratando de recuperar el helicóptero de juguete de su hijo atrapado en las ramas del árbol. Marianne se cayó de la silla rompiendo el hueso del cuello, mientras el marido estaba en el trabajo.

"Marianne, mi hai lasciato?"
Si era appena svegliato da un incubo
in cui Marianne non c'era più.
Ma ah.. questa è la realtà del giovane;
una realtà in cui Marianne è scomparsa;
l'amore non è svanito
anzi il suo cuore batte, ancora di più.
L'incubo è davvero iniziato!

"Ah! Mi hai lasciato da solo!
Ah! Povero me!
La tua immagine impressa nella mia mente,
mi sta tormentando.
Ah Dio!

La nostra foto incorniciata si è ormai rotta in due;
io e nostro figlio in un'immagine a colori,
tu nell'altro lato in bianco e nero."

"Ah! Quel fatidico giorno in cui mi hai lasciato.
Nostro figlio che giocava in giardino;
tu che dalla finestra lo guardavi con gli occhi dell'amore.
Io all'oscuro di tutto."

In un attimo tutto cambiò.
"Quella sedia che non ti sostenne,
quell'elicottero giocattolo finito sul quel ramo,
e subito dopo,
il buio."

"Ahi! Il mio cuore!"
La confusione tra amore e pena.
"Aiuto! Liberami da questa pena.
Il mio cuore perde sospiri":
"Senti, fii, fii, fii.
Ah! Quell'elicottero, quell'albero
Ahi! Il mio cuore in pena
Tu, espressione del mio amore,
mi hai lasciato da solo."
"Liberami!
La mia anima vede solo immagini tristi.
Ti vedo mentre cadi dalla sedia
come una farfalla che si posa sull'erba.
Ah mio Dio! Giungi qui ad aiutarmi."
Bum, bum, bum, bum
"Il mio cuore scalpita
La mia anima in pena
Ah mio Dio! Liberami!"

"La nostra casa, la nostra dimora.
Ah, come fa scalpitare il mio cuore";
trap, trap, "Il mio cuore fa" trap, trap.
In ogni angolo vedeva il suo corpo disteso a terra
con il collo piegato.
"Oh Dio, il cuore mi scoppia.
Oh Dio, la casa dove tutto iniziò."
Griii.. "Ah! Il mio cuore infranto."

"Il mio cuore piange!"
Boom! "Il mio cuore scoppia!
Mi strapperei il cuore dal petto!"
In preda alla passione si stropicciava la maglia vicino al petto.
Blubb! "Annego nel mio dolore!"
Marianne lasciò cosi il suo uomo;

se ne andò verso la tomba:
salì e poi cadde.

"Dio mio, solo tu sai la verità,
solo tu sai qual è il tuo piano.
Amore mio perfetto!
Dio, il tuo disegno divino
è oscuro ai nostri occhi;
solo tu sai la verità
Dio mio, hai tracciato il suo destino
Dio mio, la mia donna mi ha abbandonato."

"Ah, sarai meravigliosa adornata dalle luci celestiali."
Le brama di lei lo fece inginocchiare.
"Accoglimi tra le tue braccia,
così che il mio cuore straziato
trovi pace tra le tue braccia.
Ma no! Sono destinato al dolore per il disegno divino."
Il suo cuore esplodeva.
Si colpiva il collo per tentare di raggiungere la moglie in
un posto migliore.

"Ah! Quel giocattolo,
che ti ha portato via da me."
Il cuore straziato che esplodeva,
la passione lo coinvolgeva completamente.
La passione coinvolgente,
un cuore che piange.
"Dio! Strappami il cuore!
Portami da lei! Fammi morire di morte dolorosa.
Desidero essere suo per sempre."

Propuesta evaluativa tres

Rocío del Carmen Blanca Hernández

Alle Tage (2018)

Es wird verliehen,
wenn man mit anderen Personen sein Leben teilt,
wenn man die verhungerten Armen ernährt,
wenn man bei einer nichtstaatlichen Organisation
als Freiwilliger
wirkt oder
einem Flüchtlingswohnheim hilft,
wenn man ein menschliches Leben in einem Operationssaal
gerettet hat oder
man die Alten pflegt.

Es wird verliehen,
für humanitäre Hilfe,
für die Ausbildung und Erziehung von unseren Lehrern
oder Eltern,
für das Aufmuntern eines traurigen Freundes,
für die Zärtlichkeit und Geduld einer Mutter,
die sich für ihr Kind eine Welt ohne Krieg und Gewalt
in ihrem Herzen wünscht.

Mar Cañas Villader

Alle Tage (2018)

Der Krieg wird nicht mehr erklärt, sondern fortgesetzt.
Das Unerhörte ist alltäglich geworden.
Der Held bleibt den Kämpfen fern. Der Schwache
ist in die Feuerzonen gerückt.
Die Uniform des Tages ist die Geduld,
die Auszeichnung der armselige Stern
der Hoffnung über dem Herzen.

Er wird verliehen,
wenn man den Schwindel überwindet,
wenn die Hoffnung unversehrt bleibt
und die Angst vor dem Unbekannten sich auflöst,
wenn die neuen Straßen mit dir gehen
und plötzlich kommt ein Tag da gehörst du zu der Stadt.

Er wird verliehen
für die Wäschetage,
für das jüngste Heimweh,
für die Lust auf Erfahrungen
und das warme Gefühl
vom Wind im Gesicht.

Víctor Carrión

Alle Tage

Ee wird verliehen
wenn das "Ich verstehe es nicht" gesungen wird,
wenn es eine Warnung gibt, dass der Unterricht vorbei ist,
wenn jemand freiwillig eine Übung macht
und wird zum Helden
unter seinen Kollegen.

Er wird verliehen
für Tapferkeit vor den Lehrern,
für Kameradschaft,
um zu fragen, ob wir das Testdatum ändern können,
selbst wenn man weiß, dass kein Lehrer
es tun will.

Lucas da Rosa Hugo

Wenn ein Traum gerettet wird (2018)

Er wird verliehen
wenn keine Welle mehr zum Grab wird,
wenn einen Traum gerettet wird,
wenn die Marken unerkenntbar geworden sind
und die Strömung ewiger Hoffnung
sie zum unseren Gelobten Land bringt.

Er wird verliehen
für die Didaktik von Menschlichkeit,
für das Verhalten mit Brüderlichkeit,
für die Erinnerung unserer Gleichheit
und die Unwissenheit
beliebten Beifall.

Meryanne De la Rosa Charris.

Das Leben

Er wird verliehen,
wenn du weiter träumst,
wenn du nicht aufgibst,
wenn du lernst zu leben
und mit deinem Schatten leben
wird immer da sein.

Er wird verliehen
für den Mut zum Leben,
für das Lächeln über das Leben,
für das Sterben im Stehen
und ein Sklave des Lebens zu sein
weil das Leben so ist.

María Inmaculada Fernández Donado

Alle Tage (2018)

Es wird verliehen,
wenn seine Träume beginnen wahr zu werden,
wenn er die komplizierte Leidenschaft zur Seite lässt
wenn das Gegenteil zum Ideal wird
Und die Gefährlichkeit der Nacht umfasst den Sternenhimmel
von Anfang bis Ende.
Und der Hinterhalt des Todes umgibt die Erde.

Es wird verliehen,
Für Trophäen nicht zu wollen,
für bei Ungerechtigkeiten unangenehm aufrichtig sein
für die Wahrheit zu sagen, auch wenn es weh tut
die Unabhängigkeit jeder auferlegten Ordnung
Und widerstehen bis zum Ende

Rocío Fernández Ruiz

Alle Tage (2018)

Er wird verliehen,
wenn sie nichts hören
wenn alles perfekt aussieht,
wenn sie ihre Feinde werden
und mit einem falschen Versprechen
ein Land wird getäuscht.

Er wird verliehen
für Idealisierung einer Flagge,
für die Tapferkeit vor einer Kamera
für die Beseitigung von Rechten
und das Betrügen unschuldiger Menschen.

Alicia Fernández Pérez

Alle Tage

Er wird verliehen,
wenn wir es wagen, unsere Stimmen zu erheben,
wenn wir unsere Ängste überwinden,
wenn wir unsere Träume verfolgen
und geben niemals auf
dabei stoßen wir auf viele Hindernisse.

Er wird verliehen,
für die Mühe,
für den Mut, Risiken einzugehen,
für Stärke in schlechten Zeiten
und zu wissen, wie man die Vergangenheit hinter sich lässt
um über die Zukunft nachzudenken.

Alper Kabuk

Alle Tage 2018

Der Krieg wird nicht mehr erklärt,
sondern fortgesetzt. Das Unerhörte
ist alltäglich geworden. Der Held
bleibt den Kämpfen fern. Der Schwache
ist in die Feuerzonen gerückt.
Die Uniform des Tages ist die Geduld,
die Auszeichnung der armselige Stern
der Hoffnung über dem Herzen.

Er wird verliehen,
wenn nichts mehr geschieht,
wenn das Trommelfeuer verstummt,
wenn der Feind unsichtbar geworden ist
und der Schatten ewiger Rüstung
den Himmel bedeckt.

Er wird verliehen
für die Flucht von den Fahnen,
für die Tapferkeit vor dem Freund,
für den Verrat unwürdiger Geheimnisse
und die Nichtachtung
jeglichen Befehls.

Er wird verliehen,
wenn die Mauern endlich fallen,
wenn schwarz nicht mehr schwarz und,
wenn weiß nicht mehr weiß ist,
wenn Toleranz Stufe fünf des kantschen
Erziehungsprozesses einnimmt und wie
von Gott gegeben erscheint.

Er[1] wird verliehen,
für die Mächte ohne Vorurtelle,

für die Frauen ohne Geschlecht,
für die offenen Herzen des menschlichen Daseins,
für den Denker, der sich keiner anderen Macht bedient,
außer seines eigenen Verstandes.

In Strophe vier beziehe ich mich auf die Flüchtlingsdebatte in Europa und die Intoleranz der Europäer in punto „Flüchtlinge" und „Muslime". Diese Intoleranz kann in Zukunft von Grund auf beseitigt werden, wenn man die zentralen Aufgaben des Erziehungsprozesses nach Kant (Disziplinierung, Kultivierung, Zivilisierung, Moralisierung) um eine Stufe, nämlich die der Toleranz, erweitert.

Alba López Polo

Alle Tage 2018

Es wird verliehen,
wenn die Furcht verschwunden ist,
wenn man den Feind direkt ansieht.
wenn die Dämmerlichter in dem Inneren
eingeschlafen sind
und man lässt sie nicht wieder in das Herz eindringen
denn die eigene Kraft ist größer

Es wird verliehen
für die Suche nach Wahrheit,
fürs Bevorzugen der Moral,
für geschlossene Tür fürs Unrecht,
das nicht gewinnen wird
und offene Arme
für die Leidenden.

M. Alessandra Moog

Alle Tage (2018)

Er wird verliehen,
Wenn der kalte Profit nicht mehr winkt,
Wenn das UN-Klimaziel nicht mehr hinkt,
Wenn die Industrie nicht zum Himmel stinkt
Und die Welt nicht in Plastikmüll versinkt
Wie ein trostloser Trümmerhaufen!

Er wird verliehen,
Für ökologisches Umdenken, das beginnt,
Für die Nachhaltigkeit, die das Rennen gewinnt,
Für Verantwortung – bevor uns die Zeit zerrinnt –
Und die Liebe zum neugeborenen Kind:
Als Geschenk für kommende Generationen.

María de los Ángeles Moya Sánchez

Alle Tage (2018)

ωωωωωω
Es wird verliehen,
wenn im Herzen nichts passiert,
wenn die große Erde sprachlos ist,
wenn Wörter nicht mehr kommunizieren,
wenn Menschen unbedeutend sind.
Dann gibt es nur noch Einsamkeit.
ωωωωωωωωωωωωωωωω

Es wird verliehen,
für Dich Meer,
für euch die Sonne,
für mich die Stimme des Gewissens,
und Wer bist Du ?
Freundschaft bin ich für Dich .

Soufian Nachid Vera

Alle Tage

Er wird verliehen,
wenn du den Ausgang der Schule nicht fürchtest,
wenn du nicht das Zentrum aller Blicke bist,
wenn du eine Träne gegen ein Lächeln tauschst,
und die guten Menschen
verursachen dir keine Schmerzen.

Er wird verliehen,
für das Ablehnen von Wut
für das Aufstehen jeden Morgen
für das Bekämpfen gegen die Verzweiflung
und der Tod
nicht dein Ausweg war.

Gerald Oberascher

Alle Tage 2018

Der Krieg wird nicht mehr erklärt,
sondern fortgesetzt. Das Unerhörte
ist alltäglich geworden. Der Held
bleibt den Kämpfern fern. Der Schwache
ist in die Feuerzonen gerückt.
Die Uniform des Tages ist die Geduld,
die Auszeichnung der armselige Stern
der Hoffnung über dem Herzen.

Er wird verliehen,
wenn keiner mehr wegsieht,
wenn Gerechtigkeit siegt,
wenn Tapferkeit stärker ist als Angst,
und das eigene Handeln
zur Intuition wird.

Er wird verliehen
für die Liebe der Menschheit,
für die, die Nachteile in Kauf nehmen,
für Mut gegen Gewalt
und das Vertrauen
auf Gefühle.

Silvana Puebla Paz

Alle Tage (2018)

Er wird verliehen
wenn sie stark ist,
wenn dieser Schlag der letzte wird,
denn dann wird er sie nicht mehr verletzen können
und diese Dunkelheit, in der sie war:
Heute weicht sie endlich dem Lichtblick der Ruhe.

Er wird verliehen
für den Wert, endlich eine Entscheidung zu treffen,
für die Angst, die es zu überwinden gilt,
für die würdige Zukunft, die sie verdient,
denn jetzt werden die Ketten ihrer Knöchel
Seine eigenen Fesseln sein.

Ismael Ruiz García

Alle Tage

Er wird verliehen,
wenn die Liebe dir keine Schmerzen mehr zufügt
wenn deine Freiheit nicht mehr in Ketten liegt
wenn du den Mut hast, deinen Partner zu verlassen
und dein Leiden
nicht mehr Teil deines Lebens ist.

Er wird verliehen,
für die Konfrontation mit der Angst,
für die Rückkehr der Suche nach dem Glück,
für das Wählen der Nummer 016*
und das Besitzen
eines Schutzengels.

*016 ist die Rufnummer in Spanien für geschlechtsspezifische
Gewalt.

José Alberto Sánchez Berbegal

Alle Tage (2018)

Der Krieg wird nicht mehr erklärt,
sondern fortgesetzt. Das Unerhörte
ist alltäglich geworden. Der Held
bleibt den Kämpfen fern. Der Schwache
ist in die Feuerzonen gerückt.
Die Uniform des Tages ist die Geduld,
die Auszeichnung der armselige Stern
der Hoffnung über dem Herzen.

Er wird verliehen,
wenn keine Hundefäkalien auf der Straße liegen,
wenn alle Grüße erwidert werden,
wenn die Schlangen beachtet sind
und die in dem Bus reisenden Älteren
immer einen Sitzplatz freiwillig erhalten.

Er wird verliehen
für das Schweigen in der Bibliothek,
für die tägliche Nutzung eines Deodorants,
für das Erlöschen der Tiermisshandlung
und vorab dafür, den Mitmenschen
zufriedenzulassen.

Alicia Troncoso Castillo

Alle Tage 2018

Ungleich
Er wird verliehen,
wenn jemand der Masse nicht folgt,
wenn Sie keine positiven Bewertungen von
sozialen Netzwerken benötigen,
wenn außerhalb der Linie gemalt wird, weil sie es mag,
und die Grenzen der Angst überwunden sind.
einer, der nicht selbstsüchtig denkt.

Er wird verliehen,
für über das Oberflächliche hinaussehen,
für ohne Maske gehen,
für wagen, soziale Systeme zu brechen,
und dem Gift entkommen,
wer hat das Telefon nicht an der Hand befestigt.

Diana Visintin

Alle Tage

Er wird verliehen,
wenn die Arbeit Zufriedenheit gibt,
wenn das ganze Dorf 24 Stunden durchgehend bewacht wird,
wenn die Bedrohung der Natur verschwindet,
und die Flüsse nicht mehr aus den Ufern treten,
und das Dorf wieder sicher ist.

Er wird verliehen,
für den Mut einiger von uns,
für die Bemühungen in der Rettung,
für das großen Stolz den anderen behilflich sein zu dürfen.
Den Schutz der Sicherheit,
immer an oberster Stelle.

Dieses Gedicht bezieht sich speziell auf eine Erfahrung meines Vaters. Mein Vater ist sicherlich nicht der einzige, der die Ehre und den Mut hatte, die Sicherheit nach einer Naturkatastrophe gewährleistet hat. Dieses Gedicht wird allen diesen Menschen gewidmet, die wie mein Vater, ihr Leben anderen widmen.

Das Thema „Naturkatastrophen", das in diesem Gedicht auch erwähnt wird, ist sehr aktuell, weil es so aussieht, als ob die Natur gegen menschliche Handlungen rebelliert.

Ein bestimmtes Ereignis: wir sind im Jahr 2000, in einem kleinen Dorf in Südtirol, in Italien. Starke und anhaltende Regenfälle haben Schäden verursacht. Ein Bach ist übergelaufen und hat den oberen Teil des Landes bedroht. Das Wasser des Baches ist unter die Erde geleitet und ein Grat ist zusammengebrochen. Dies hat dem Land große Unannehmlichkeiten verursacht. Die Carabinieri mussten eingreifen, um alle Häuser zu evakuieren. Sie haben die Liegenschaften 24 Stunden ohne Unterbrechung bewacht, um Diebstahl zu vermeiden und um die Sicherheit ihrer Bürger zu gewährleisten. Mein Vater gehörte zu den Leuten, die intervenierten, um den Zustand des Dorfes zu verbessern.

Am 30. Mai 2001 verlieh der Innenminister meinem Vater und anderen Angehörigen der Ordnungskräfte ein Verdienstdiplom mit einer Medaille.

Ich bin sehr stolz, einen solchen Vater zu haben. Mein Vater, wie andere Leute die ihr Leben widmen, um anderen zu helfen und zu beschützen, verdienen großen Respekt und Wertschätzung.

Propuesta evaluativa cuatro

Laura Álvarez Gómez

Dolor

El frío entra por mis venas cortando como
Aspas que lleva el viento. La sangre
deja de recorrer mi cuerpo, sale de mí, la siento.
Mi cuerpo grisáceo comienza ahora a vivir.

Mis ojos cansados caen, caen sin
Querer, sin poder evitarlo y por fin, feliz duermen.
La luna llega hacia mí, mi mirada es ahora clara y sin luz.
Comienza la función del cuerpo putrefacto.

Una vez que el rojo temprano llegue,
Una vez que mi cuerpo hinchado quede,
Pequeñas pre mariposas de mí se alimentarán.

Por fin tendrán un lugar, un hogar.
El dolor desaparecerá y todo verde quedará,
Pues mi verde cuerpo de nuevo se ennaturalizará.

Dolor

Estoy en la cama, como cada día de mi vida desde aquel momento en el que sentí un pequeño dolor sobre mí. Por sus características deduje que eran síntomas de una simple enfermedad pasajera. Sólo era un dolor agudo, un dolor momentáneo, con cura, o al menos así parecía. Sin embargo, ese dolor se acostumbró a mi cuerpo y no quiso escapar de mí. Pasó de ser agudo a grave, pasó de ser pasajero a traer problemas graves y a llevarme al momento de ahora, de la muerte.

Hace tiempo que no duermo. Llevar oxígeno a mis pulmones se hace cada vez más difícil. Ese órgano muscular vital de mi cuerpo no puede ya apenas impulsar sangre rica en oxígeno al cerebro. La palidez se ha convertido en el color más completo y alegre de mi cuerpo. El frío es la temperatura más alta a la que pude haber llegado alguna vez en estas últimas semanas. Y el dolor ya no es una sensación desagradable, sólo un aviso que mi sistema nervioso envía diciendo que algo en el sistema no funciona correctamente. Estas son sólo fases para llegar al fin.

Probablemente mañana cuando amanezca, cuando mi corazón deje finalmente de latir, se desencadenará en mí una larga serie de procesos corporales que harán de este organismo un engranaje más del ecosistema.

Todo comenzará con el fin del bombeo de sangre al resto del cuerpo, lo que provocará que la circulación se estanque, la vejiga y los intestinos se vacíen, la piel se quede rígida y los músculos se relajen. Después aparecerán los efectos más evidentes de la muerte en una primera etapa: rigidez y grisura de la piel ocasionada por la ausencia de circulación, palidez de los labios y aparición de una mancha púrpura en las zonas bajas del cuerpo y la autodestrucción de las células. Debido a esta autodigestión, aparecerá la carne podrida, el rostro se deformará y los ojos ya sin utilidad se hundirán en sus cuencas.

Rocío del Carmen Blanca Hernández

Si nos volviéramos a encontrar

¡Ay, si yo pudiera volver atrás!
¡Si yo pudiera tan sólo unos minutos volver a ver
tu dulce y pálido semblante y tocar tus porcelanosas manos!
¡Ay, lo que haría porque siguieras tú conmigo! ¡Snif, snif!

Sinceramente, si pudiera verte tan solo unos instantes,
no sabría cómo emplear ese valioso tiempo y mucho
menos qué decirte.
Quizás te abrazaría y te diría lo mucho que te echo de
menos, y guardaría
eternamente en el corazón ese inolvidable momento.

Ahora sé que desde el apacible paraíso me cuidas, pero
¡ay, abuela! ¡Si supieras la cantidad de cosas que me
 gustaría contarte…!
¡Ay, si supieras que cada día me parezco más a tu
 delicado semblante!

Y es normal ese intenso cariño que siento por ti,
puesto que como una buena abuela y madre lo diste todo
por verme feliz.
¡Ay, abuela, cuánto desmesurado amor guardo en el alma
hacia ti.

A mi abuela

Algunas noches me acuesto e indago entre mis numerosos
pensamientos, algunos demasiado melancólicos, quizás.

A veces pienso en las personas que me rodean y en las que,
por desgracia, ya no están aquí. Y es curioso cómo apareces en
mi mente y me inundas de agradables recuerdos. Te recuerdo
con tu blanca y suave carita y tus frágiles y bellas manos, con
tu lunar oscuro en la mejilla derecha y con tu dulce sonrisa en
la cara.

Quizás sea cierto que cada día me parezco más a ti y no sabes la ilusión que me hace esto.

Otras veces me pregunto absurdamente qué pasaría si pudiéramos reencontrarnos, aunque sólo fuera durante unos minutos.

¿En qué emplearíamos ese preciado tiempo? ¿Qué nos diríamos?

Tendría que elegir minuciosamente las palabras perfectas para poder expresar mis sentimientos y agradecimientos hacia ti.

Y entonces razono y pienso si es demasiado absurda esta ocurrencia. ¿Debería seguir dándole vueltas a esta sinrazón de pensamientos? Pero sigo dándole vueltas.

Nunca olvidaré mi infancia contigo. Me acuerdo perfectamente de cuando volvía del cole y tú me dabas a escondidas una piruleta, un bombón o algún caramelito, así como tampoco olvidaré las tardes que pasamos juntas frente al televisor enganchadas a aquella absurda y cursi telenovela.

Aún puedo sentir la alegría que me daba comer en tu casa; no habrá estrellas Michelin suficientes para condecorar el nivel de exquisitez de todos tus platos.

Gracias a papá y a mamá tampoco olvidaré quién fue la primera persona que me enganchó a las natillas de chocolate durante los paseos por el parque cuando aún no tenía ni dientes.

Tampoco olvidaré lo a gustito que se estaba entre tus cálidos brazos, aquellos que conseguían darme paz.

Y por ser tú, el mejor ejemplo a seguir de mujer valiente y luchadora, yo pienso seguir tus pasos, así como pienso dedicarte todos mis logros y alegrías.

Yo sé que estarás orgullosa de mí, igual que yo lo estaba con la gran mujer, abuela y madre que fuiste.

Superar la muerte de un ser querido no es un proceso fácil, pero solo queda aceptarlo y entender que es ley de vida y que, por supuesto, siempre nos quedará lo vivido juntas.

Y te digo, abuela, que no habrá Alzheimer tan potente como para borrar los recuerdos que quedan guardados en el alma.

Mar Cañas Vidaller

Tremular

A golpe de espasmos mi cuerpo reacciona,
caen goteras ácidas de estas cuatro paredes
y me roza el aire denso que como calma llega
aunque a mis pulmones no alcanza.

Estoy despierta. Me pesan los ojos salados.
¿Hay acaso yeso con que cubrirme la cara?
Hoy sudo siete charcos negros, uno por cada sueño;
ni dormir ni estar lúcida quiero.

La carne está cubierta de plomo, se desintegra
en sábanas húmedas llenas de agujeros
 y va cayendo despacio y suave
en este blando pozo amarillento.

Trato de tejer una cadena de hilos blancos
entre tu pecho y el mío,
pero encuentro los telares roídos
entre la risa de soberbias arañas.

Luego escucho un canto afónico chocar
en las ventanas. Suena amargo y reconforta.
Se ha posado en el alfeizar,
sin voz ni vuelo valiente.

A través del cristal tremulan mis pestañas;
abanicos que hoy son cortinas de paja mojada.
La alondra serena cayó en el charco; blanca y helada.
¿Dónde caerán tus inertes caricias congeladas?

Tremular

De un impulso repentino me despierto. La cama empapada en sudor evidencia los sueños que repetitivos y cíclicos me visitan. Siento una presión en la boca de la garganta, tan fuerte que tengo la sensación de que, efectivamente, la ansiedad no ha desaparecido. En este momento me cuesta respirar, inspiro más aire del que mis pulmones son capaces de contener y sé que el problema está en que, en primer lugar, tendría que exhalar aquel que mantengo retenido en algún lugar de mi garganta. Los cigarros tampoco ayudan mucho. Aun así, trato de tranquilizarme y cierro los ojos. Ahí están otra vez, súbitas e instantáneas; todas las fotografías y secuencias imaginarias que me esfuerzo por evitar. Abrir los ojos por las mañanas implica ser consciente cada día de dónde estás y con quién. También, sin falta, de visualizar tu ventana entreabierta y los tímidos rayos de sol desde el séptimo piso. Ya me gustaría volver a dormirme…Bueno, creo que es mejor estar despierta a soñar tan vívido. Nada. Ningún mensaje nuevo. De un tiempo a esta parte tendría que haber sido suficiente ya para dejar de esperar algo de ti. Con todo, procuro pensarte una y otra vez, exprimir el picor y aprender a exhalar.

Víctor Carrión

Poema

¡Oh Orfeo! ¡Poeta de poetas!
¿Acaso tu espíritu rehúsa de visitarme?
¿Cuántas veces viniste a ayudarme
y formar versos perfectos con mis letras?

Frente a mí, solo folios blancos
como figura de luna llena.
Dentro de mí, palabras vanas, no plenas,
como antaño sus encantos.

¡Días llevo dedicados a este poema!
Inútil y desdichado me siento
¡Malos versos, malas rimas, lo presiento!
¡Oh Señor, dime! ¿Acaso soy yo el problema?

Toc toc, despierta ¡es culpa del poeta,
no de las Musas! No culpes a lo creado,
creador, pues el Creador cierto don no te ha dado.
Quisiste ser buen escritor sin serlo, mala treta.

Texto

Llevo días sentándome frente a mi mesa de trabajo sin ningún resultado, pues por ciertas razones que desconozco no se siento capaz de escribir nada que merezca la pena. ¿Será acaso eso a lo que algunos, ajenos a los saberes de la ciencia, denominan inspiración? Es una sensación agobiante, pues nunca antes me había ocurrido, siempre palabras fluyeron son problema de mí.

Lo único que sobre la mesa tengo algunos folios en blanco y otros con palabras sin sentido garabateadas que de poco me sirven para escribir nada bueno. Tras días de entrega a estos escritos, llego al punto de encontrarme agotado e incluso poco inteligente al no poder crear nada a partir de mi mente y mis palabras. He llegado a pensar, incluso, que no esté preparado para escribir esto que me propongo.

Quizás la culpa de que no encuentre palabras adecuadas para mi labor sea toda mía, a causa de poca habilidad, escasez de estudios literarios o simplemente, mala fortuna. No debo culpar por mi falta de éxito a condiciones externas a mí, pues soy yo quien no es capaz de escribir algo de provecho.

Juan Carlos Cortés

Poema

¡Boom! Ahí está mi corazón
irritado por el desgaste,
estaba pisoteado
por un abrazo gigante.

¡Ay Dios! Creía irrompible
mi corazón.
Pasó de repente
por un gesto lamentable.

¡Ay Dios! Tenía el corazón cerrado
y con su primera mirada.
¡Pum pum! Como el cielo abierto,
como la luna llena.

¡Ay Dios! Dame fuerzas
porque soy risueño
y sueño con un ambiente hogareño
y sentir un amor perfecto.

Dolor

Ahí yace tu corazón inerte que estaba dolorido por el desgaste de un abrazo gigante, qué paradójico, ¿no?

Creías que tu caja de sentimientos sería irrompible, porque tú te crees invencible y finalmente todos somos iguales y aunque pasase de repente no debes poner excusa alguna, aun siendo un gesto intolerable.

Aun teniendo el corazón cerrado y aunque su mirada sea como una llave, debes saber si vives para amar o amar para vivir.

¿No te sientes con fuerzas? ¿No quieres seguir con tu vida? Sigue con tu vida y que la razón dicte sentencia. Si tu sueño es formar una familia debes afrontar estos actos para aprender y buscar lo mejor en tu vida.

Lucas Da Rosa Hugo

El exilio, qué larga condena

Una noche sin luna y fría
frente a la comisaría
Ella esperanzada de guardia,
Yo adolescente dormía

Nos protegió una vieja manta.
Subimos a la cuarta planta:
El oficial comprobando datos,
Nuestros corazones agitados.

Tras la concesión un abrazo fuerte.
Un número mágico y cambiar mi suerte:
Empezar los estudios y a trabajar.
No solo por casualidad o azar,

no fue como ganar la lotería
Y por ello llanto de pura alegría:
Gracias a su incansable lucha y sacrificio
Su hijo algún día tendrá un decente oficio

Finalmente valió la pena
El exilio como larga condena
El alto precio pagado sin mirar atrás
Siempre lo hizo todo sin dudarlo jamás.

Desafinación del Alma

He vivido cinco años en Europa sin documentación, y he tenido que dejar de intentar realizar proyectos personales, por que no tenía un NIE o DNI. Pero eso cambió.

Con mi número y siendo legal he tenido más oportunidades, pero ahora estudio con treinta años con niños de veintipocos. No sé hasta donde conseguiré llegar, he perdido mucho tiempo.

No sufro racismo por mi piel, no soy negro, ni árabe, soy latino, aunque creo que eso se nota más cuando hablo. Pero sé que el problema al que me enfrento es que en esta sociedad importa el dinero.

He vivido muchos años en un pueblo, y no podía hacer nada, ahora he podido vivir en varios países, pero con trabajos que no me hacían sentir feliz, pero al menos puedo pagar los estudios.

Pensaba que con mis estudios había mejorado, pero me enamoré de una artista, y para ella estudiar es algo no tiene valor, porque lo más importante es la música para ella.

Yo decidí amarla, porque ella era un sueño para mí, su ser parecía perfecto. Y me doy cuenta de que nunca podré llegar a desarrollar esas capacidades artísticas. Debo seguir sin ella.

Debo seguir sin ella, porque tengo otras preocupaciones que el arte, cuando puedo, debo ayudar a mi familia en mi país, un país en el que no hay apenas oportunidades para mejorar mi vida.

Me gustaría traer a mi padre y a mi hermano menor. Mi padre está envejeciendo, mi hermano está estudiando. También tengo un primo traficante, que creció rodeado de miseria.

El tiempo va pasando y no tengo poder para ayudarlos realmente. Y lo que me alivia es saber que al menos mi madre todavía tiene salud, pero su vida hubiera sido mejor sin hijos.

Tampoco creo ya en el dios que me enseñaron mi familia y sociedad. Solo siento que he ido perdiendo energía para ilusionarme, ya no veo la vida con optimismo.

Voy perdiendo la esperanza en Europa, cuando veo que mis deseos políticos son ignorado por la población, y veo lo que están votando. Está es una preocupación creciente en mi vida.

Lucas da Rosa Hugo

Seelenverstimmung

Cinco años ilegales y casi sin dinero.
En esta situación hay muchas personas.
Sin papeles, y con sueños que abandonas.
Empiezas a mejorar cuando te dan un número.

Ese número dio valor a mi vida.
Iba con retraso, había hecho la salida tarde,
pero lo importante es formar parte
en esta carrera de larga distancia ya perdida.

Por mi piel quizás paso sin ser notado,
pero cuando hablo, el idioma me delata,
aunque para ellos lo importante es la plata:
me transformaría de intruso a invitado.

Estaba preso en una isla lejana y sin barco.
Después navegué ajustando velas,
vendiendo mi alma para lograr las pelas
para poder poner mis logros en un marco.

Entonces esos marcos dieron a mi vida valor.
Y por lograrlos descuidé en una parte,
la que se refiere a la sensibilidad al arte
y a pesar de ellos ella rechazó mi amor.

Mi amor por ella existió porque comprendí
que el arte es su refugio para su alma elegida.
No la mía, que ya había sido vendida.
Esa carrera también perdí.

No es un refugio un hijo inmigrante,
representa solo un paraguas en la tormenta
de dificultades y durezas que mi familia enfrenta
en un país de una sociedad degradante

La pequeña medalla es que tengan un futuro:
mi padre maltratado por la edad
mi hermano, que termine la universidad,
mi primo abandonado en una celda tras un muro.

En sus ojos veo pasar el tiempo no en lentitud.
A mi madre le desearía que no lo fuera:
una vida más fácil sin ser madre soltera.
Agradezco a un dios en el que no creo por su salud.

La palabra para definirme es inexistente
sería "Seelenverstimmung" en alemán
un alma que desafina en un refrán
que no rima por error y por desgaste de la mente

"Seelenverstimmung" es también mi ignorancia
del porqué mis vecinos se entregan al populismo
que nos trae consigo lo peor del nacionalismo.
Mi alma desafina entre notas de intolerancia

Meryanne De la Rosa Charris.

La rosa de mi corazón.

Había una rosa en mi corazón
Solía crecer firme y colorida.
Yo la regaba con tu amor
Y por la noche me decía:

Acaba con esto por favor
Sin su amor yo no vivo
Sin su amor yo no crezco

Sin su amor me debilito
Hasta el final de los tiem[

Yo creaba emociones
Al igual que devociones
Creía en nuestro amor
Puro, duro y verdadero
Con el que regaba a la ro
con un amor sincero.

Pero como se podía divis
Ni tú ni yo,
Crecimos para estar junto

Y un día sin darme cuent
Volardeaste y me dejaste
Como mi bella rosa espe
Y a tus pies me arrastré.
Y tú, fiel Don Juan
Que va de flor en flor,
Regaste así mi flor,
Y al salir el sol
Me dejaste sin voz
Postrada en mi cama
Con mi hojas desperdigadas.

Las raíces de mi corazón

Hay historias en donde las personas se enamoran a primera vista o por un simple roce y en mi caso me enamoré al verle. Lo vi paseando por unas calles amplias, llenas de luz y pensé:

-Si ese hombre no me mira en tres segundos, es porque tiene novia o es casado o es gay. Y en el peor de los casos, es un asexual religioso en penitencia.

Pero al mirarte de arriba abajo supe que no eras gay y que no estabas casado. Aparte, ese bolsillo llamativo en donde se encontraba tu cartera no estaba lleno de deudas, sino de hermosos billetes morados que me llevarían al mismo cielo y que cuando bajara de este, sería para caer en una prestigiosa silla con un chuletón jugoso de primera clase, esperando para entrar en mi boca.

Cuando nos miramos, vi tu mirada penetrante en mis caderas, subiendo por mi melena ladeada, bien posicionada para llamar tu atención. Todo estaba calculado, nada podía fallar. Y así fue, todo salió según los cálculos, pero no los míos. Mi radar falló y tú no eras un inocente corderito al que yo iba a someter. En cambio, yo era la delicada rosa que plantarías en tu jardín junto a otras muchas margaritas que no tenían ni la elegancia ni mi peculiar olor. Ellas eran simples florecillas de campos cercanos que no tenían un olor especial.

¡Oh príncipe de Aliexpress! ¿Cómo pude caer en tu cama y en tus cálculos? Me enamoré tanto que en vez de mariposas sentía rosas creciendo, las raíces eran tan fuertes y tú las alimentabas tanto que cada mañana con los rayos del sol, creía ver el paraíso en ese cuarto con paredes blancas y una que otra humedad que me hacía sentir una aventurera entre tus sábanas. Yo me asomaba para verte desaparecer mientras decías:

-¡Recoge rápido que quiero trabajar!

Yo pensaba:

-¡Ay, en nuestro futuro es en lo que quieres trabajar!

No sé cómo no lo vi tan claro, pero yo me tiraba a tus brazos y te decía:

-Si me vas a dejar espero que sea porque te mueras un día después y no porque no me quieras.

Pero como en todo, mis pensamientos no estaban en lo cierto, tú nunca sentiste lo mismo ni tu cartera estaba llena de billetes morados.

Recuerdo haberte visto un día con una chica, yo celosa me acerqué, te grité, me tiré al suelo, me acordé de tu familia y luego de forma lenta y calmada me levanté, me dirigí hacia tu amiga y le dije:

-Así te quedarás gracias a él. Este es el principio del final.

Luego en mi casa sentía un otoño en mi interior, los pétalos de mi rosa caían, las raíces que antes sentía fuertes eran pesadas y se ramificaban inmovilizando cualquier acción de mis venas y arterias. Y yo permanecía inmóvil en mi cama, alimentándome con los rayos del sol que poco a poco se ocultaban y así mi flor se quedó sin su alimento y yo sin mi gran amor. Esa misma tarde toqué el fondo de mi laguna y de un salto salí a la superficie diciéndome "su amigo estaba mejor".

María Inmaculada Fernández Donado

Mi devenir

El viejo péndulo del reloj suena
lejos de mi percepción tintinean
Din, don, dan, la madrugada franjean
Lidio ansioso contra la luna plena

¡Ay, si lograra enmarañar el tempo,
para ver con claridad el futuro!
El recuerdo de mi existencia oscuro
¡podría desvanecerse en el tiempo!

¡No estaría tan apesadumbrada,
 ni ensimismada! ¡Vivo en un ensueño,
miro la luna con dulzura y empeño!
y dibujo una galaxia estrellada.,

Me impresiona el amanecer oscuro
Como agua ardientemente por mi rostro,
Que se vuelve cálido como el Ostro
Yo respiro, suspiro y me apresuro

Una taza en el desayuno calma
Mi espíritu ahora más sosegado,
cierta firmeza y más recuperado
resite fuerte, con aliento mi alma

Afronto otro reto más de la vida,
Escucho, observo, ojeo, desespero
¡oh rayo de sol que imperecedero
ilumina mi cara desvalida!

La impaciencia me aturde, me atormenta
para tener una conciencia lúcida
la esperanza incierta nada translúcida,
sin embargo, en mi esencia es opulenta

No deseo retomar la verdad
Solo que mi espíritu se lamenta,
Y la tempestad bravía acrecienta
mi alma como ráfaga en libertad.

Mi devenir

Cada vez que escucho el viejo reloj de pared clamo estrepitosamente al cielo

El tic tac del péndulo me redirige a la fragilidad tremenda de la noche que me provoca terror.

Los miedos me invaden, me siento pequeña y me ahogo con mi angustia.

No quiero dormir aún, pero lo necesito y también descansar, no quiero despertar aún. Sueño sin pesadillas de mi existencia.

Quiero adelantarme al futuro incierto e imprevisto.

Mi pasado lo quiero ver del revés como en un espejo cóncavo, y fuera de mi alcance.

Las estrellas en el firmamento me llaman a gritos, y la envuelvo en un manto de color negro.

La oscuridad no es lo mío, el calor del agua, de la ducha, en el rostro me fastidia, me gusta el amanecer brillante de colores. Necesito apresurarme en coger aire para expirarlo e inspirarlo y finalmente expulsarlo.

Mientras esclarece el día, me siento delante de una taza de cacao para relajarme y recuperarme de los gritos que me esperan fuera y afrontar el día sin desesperarme.

La luz del eterno sol me transforma. A pesar de todo, mi impaciencia me enajena, y mi conciencia me procura entrar en un mundo no irreal, para retomalidar, donde de alguna manera repaso mi espíritu y mi alma vuelva a ser libre y andar, aunque sea con dificultades, pero caminar y no olvidar mi destino.

Rocío Fernández Ruiz

Distancia

Parte 1

Imagino cómo hubiera sido verla
justo en ese momento del día
imagino ver aquel calmado ambiente
yo siempre sonriente como un niño inocente
¡Junto a ella en aquella terraza de Ostiense!

Ahora me hallo aquí en la mágica
Sevilla, pensando en la lejanía
y en cuándo la tendré cerca
para juntas soñar, para
mi vida monótona poder sobrellevar.

¡Pero las golondrinas su pío, pío se llevaron!
Gracias a Dios yo la vi regresar al hogar,
¡ahora me siento alegre, feliz, sonriente!
aprendiendo que la vida grandes vueltas da
pero quien me quiere conmigo las da.

¡Que para mí la distancia
nada significa ya!
Porque cuando miro el oscuro cielo
y veo una estrella brillante allá
¡sé que airosa a mi lado está!

Parte 2

La imagino tan lejos de mí, viviendo su nueva vida. Con otras almas y nuevas experiencias, teniendo otra vida temporal y disfrutándola. Mientras que yo sigo sin hacerme a la idea de que por un tiempo no estaré a su lado.¿Cuándo acabará este calvario? El egoísmo me impide ver la realidad y alegrarme del bien ajeno, incluso de personas importantes en mi vida, y me refugio en el recuerdo de nuestro último adiós.

El tiempo pasó sin darme cuenta y la vi regresar a nuestro hogar. Ahí pude ver que la vida es un cambio constante, pero las personas que nos quieren y aprecian nunca se van de ella. ¿Qué es la distancia, que solo separa los cuerpos? No es nada, a veces incluso la distancia crea cercanía entre dos seres. Porque siempre habrá cosas que nos unan mucho más: una llamada, una estrella, un recuerdo, un sentimiento, y, sobre todo, la esperanza de volver a encontrarnos.

Alicia Fernández Pérez

Poema Sturm und Drang.

Pálidas caras me rodean en la oscuridad,
sus ojos negros iluminados por la luz de
la luna, bailan con rostros felices y sonrisas
violetas coloreadas.

¡Lugar olvidado por el mundo!
¡Viejo clavicordio cuyas teclas no suenan!
¿A dónde vas dama de la noche?
¿Por qué me seduces y luego me dejas?

¡Quiero seguirte pero las sombras como espinosas zarzas
me bloquean!
Escucho tus pasos desvanecerse por las retorcidas
escaleras
Clac, clac, clac, clac...

¡Cada vez más se alejan!
¡Cuán hermoso es tu vestido rojo
mientras al profundo abismo se avienta!

Texto

Cae la noche y camino sin rumbo por el solitario campo. Arrastro los pies, pero siento que no avanzo, mirando atrás lo único que puedo ver es un camino escarlata y en mi frente un recóndito bosque.

Me adentro en su interior y observo altos árboles a mi alrededor, el viento zarandea salvajemente las ramas que crujen sin cesar y tengo la sensación de que yo también me voy a romper. Pasa el tiempo y yo sigo caminando, pero el bosque nunca parece llegar a su fin, hasta que de pronto mi pie choca con algo, levanto la mirada y me doy cuenta de que ante mí se alza un castillo inmenso como una montaña. Subo las escaleras de piedra hasta el último peldaño y llego hasta una gran puerta de madera cobriza. Tengo miedo, algo que me dice que no debería atravesarla, pero es como si una fuerza sobrenatural me impulsara a abrirla. Me dispongo a empujarla, pero se empieza a abrir lentamente sin necesidad de tocarla, emitiendo un desagradable chirrido.

A pesar del sólido y arcaico exterior, el interior del castillo está elegantemente decorado con esculturas de figuras mitológicas de mármol y oro, las cortinas son de seda y los suelos tan nítidos que parecen espejos, aunque todo está teñido por el manto blanquinegro de la noche. Sigo aquellas escaleras de caoba que me llevan hasta una sala de lo más particular: es inmensa y parece ser un salón de baile donde tenebrosas figuras danzan sin parar una y otra vez al ritmo de una melodía imaginaria. Portan trajes y vestidos descoloridos cuyo color reemplaza la luz de la luna que se cuela a través de los inmensos ventanales, llevan máscaras, aunque algunas dejan entrever un poco de piel pálida y gélida como la nieve. En sus caras se dibujan sonrisas grotescas, forzadas, que deforman sus facciones. Me miran y cesan su baile, un escalofrío recorre mi espalda.

-¡Corre! ¡Sal de aquí! ¡Huye! -resuenan voces desgarradoras en mi cabeza, aún así no soy capaz de moverme, pues ya no soy dueño de mi cuerpo.

Las lánguidas criaturas me observan con ojos vacíos y mis piernas empiezan a moverse solas hasta el centro de la habitación, donde se halla una mujer con un exquisito y ornamentado vestido de color rojo que contrasta con el resto de la apagada habitación. Todo su rostro está escondido por una máscara de color blanco y su cabello cubierto por un velo de brillantes rubíes, aún así la máscara me sonríe como los demás, imitando una expresión de felicidad. La dama levanta el brazo derecho, ordenando que me acerque y una vez delante de mí coloca su mano enguantada en mi pecho para comenzar a bailar, Las figuras también continúan su macabra danza. No sé cómo, pero cuanto más bailo más convencido estoy de que aunque no hubiera ningún instrumento tocando podría escuchar la dulce melodía de un vals con violines, clarinetes, un arpa, un chelo e incluso un clavicordio.

Perdí la noción del tiempo hechizado por aquella música, por aquel baile y por aquella mujer. Miraba sus ojos en busca de alguna respuesta a lo que estaba ocurriendo, alguna pista sobre donde me encontraba, pero solo era capaz de distinguir una penetrante negrura. De pronto dejó de bailar y se apartó de mí, ese cansancio que antes no me permitía ni respirar volvió a inundarme, sentía frío y malestar. Quise seguirla, pero los extraños bailarines me cortaron el paso y me acorralaron, mientras yo observaba como se alejaba, los pasos de la doncella eran tan sutiles que parecía deslizarse en vez de caminar. No sabía por qué, pero la necesitaba y con las pocas fuerzas que me quedaban intenté escapar de ellos, pero se aferraron a mí, evitando mi partida, cuanto más trataba de correr, más fuerte clavaban sus uñas en mi piel. Grité para que regresara, pero ella parecía no escucharme y cuando quise darme cuenta ya se había desvanecido al final de la sala. Chillé y forcejeé desesperado, y sin saber cómo, dejé de sentir el agarre de aquellas criaturas que se interponían entre nosotros y pude ser libre.

Corrí lo más rápido que mi cansado cuerpo me lo permitió detrás de ellas, pero la perdí de vista hasta que el sonido de unos tacones captaron mi atención y pude distinguir su sombra ascendiendo unas escaleras de caracol. Subí los escalones deprisa, debía alcanzarla. La seguí por serpenteantes pasillos y confusas habitaciones, hasta que por fin se detuvo frente a una ventana. La luz del alba se filtraba a través de ella, la abrió bruscamente y luego se giró hacia mí y volvió a levantar su brazo derecho. Me faltaba el aire y apenas podía dar un paso más pero por ella lo hice, gasté el último de mis alientos para acercarme a la ventana. Nuestros cuerpos se fundieron en un abrazo y cerré los ojos, embriagado por su aroma a rosas secas. El viento chocaba contra mi rostro y tenía mariposas en el estómago, abrí los ojos para admirar el paisaje del valle al amanecer, pero lo único que pude divisar fue la insondable oscuridad que nos engullía, mientras nos precipitábamos hacia un lóbrego vacío. Horrorizado, estreché más los brazos a su alrededor para sentir el cuerpo de la mujer por última vez, sin embargo ella había desaparecido y me estaba abrazando a mí mismo, miré hacia arriba y me di cuenta de que la dama seguía en la ventana, observando con su pérfida sonrisa cómo caía. Desolado, alcé los brazos hacia el cielo en busca de ayuda o consuelo, pero ya era demasiado tarde, solo recuerdo como el rojo más negro me envolvía, mientras en mis oídos todavía piceaba aquella hipnotizante melodía.

Alper Kabuk

Entmachtet bist du

Ach, was du erschaffen,
Zerstör' ich nun!
Was du so liebtest,
Wird endlich ruh'n!

Ach, du Erbarmungsloser!

Ich allein bin das Genie,
Das in mir lebt.
Nicht deine heilige Energie
Die so langsam vergeht.

Ach, du Erbarmungsloser!

Zu lieben verweigerst du mir den ich will.
Das Buch, das du geschrieben
Ist seit jeher nicht mehr aktuell.
Dennoch fehlt es dir nicht an Gefolgen.
Warum musst du denn auch mich haben?

Ach, du Erbarmungsloser!

Oh du Unerschütterlichkeit!
Es klebt Blut an deinen Händen,
Siehst du denn nicht?
Das Blut derer, die nur aufrichtig liebten,
Ja, das Blut aller die nur leben wollten!

Ach, du Erbarmungsloser!

Nun hör' und sieh', du ach so Allmächtiger!
Deine Ketten der Vernunft sind längst nicht mehr so stark.
Wie Prometheus, nur besser, entreiß' ich mich ihnen williger
Mit mir viele Andere, die du dem Tode weihtest ohne Sarg.

Nun, sieh' die Erbarmenden!

Es ist eine neue Zeit gekommen.
Eine Zeit des Friedens,
Nicht etwa der Frommen
Eine Zeit des Lebens.

Entmachtest bist du

Schon seit Anbeginn seiner Existenz, wie er glauben wollte, stellte sich K. die selbe Frage: Wieso hat Gott, oder wer auch immer diese übernatürliche Macht sein mag, die die Menschheit kontrolliert, ihn nicht wie die Anderen erschaffen? Nach Jahrelangen Gewissensbissen, der Furcht, anders zu sein, ergab er sich seinen Gefühlen und erfuhr ein neues Gefühl. Glück und Zufriedenheit sollten ihn nun begleiten. Er entdeckte das Göttliche im Menschen, dessen einzige Quelle die Vernunft war und begann, sich dieser zu bedienen. Zugegeben, leicht war es zu Beginn nicht, die Mauern und Schranken nieder zu reißen, welche die Gesellschaft, die Familie, ja seine ganze Sozialisation aufgebaut hatte, aber er blieb zuversichtlich. Er schöpfte seine Kraft nicht mehr aus den heilige Reihen, sondern glaubte an sich. Er suchte und fand Menschen, denen es genauso erging und versuchte ihnen zu helfen, sich selbst zu lieben. Einige Wege endeten wieder in der Religion, aber das war ihm recht. Solange das Subjekt, sich besser fühlt, soll er leben und glauben, was er möchte. Jedoch konnte auch K. nicht davon Ablassen, Gott für seine Schicksalsschläge zu verantworten. Er lästerte und verfluchte ihn, weil auch er nur ein Mensch ist. „Die Vernunft geht schließlich auch nur bis zu einem Punkt" war sein trauriger Trost. Er konnte es nicht lassen, den Ursprung alles Schlechten und Bösen in Religionen zu sehen und verstand sich in den tiefen seines Herzens als Märtyrer, als einen Rebellen, der Gottes Werk zerstören wird. Er fühlte sich frei, trauerte jedoch um jene, die es nicht waren. „Seelentot", so beschrieb er sie. Verlorene Seelen, die Blind dem Willen und den Regeln eines Jahrhunderte alten Buches folgten. Feiglinge, die das Denken den uralten Zeilen und nicht dem Selbst überließen. Aber die Menschen, die ihn umgaben waren alles andere als Seelentote. Sie waren das, was eine Gesellschaft bereichert. Künstler, Musiker, Tänzer, Literaten, ja Freigeister. Diese Menschen machen keinen Unterschied, ob du schwarz, weiß, religiös, hetero- oder homosexuell bist. Sie sehen dich an und können, wie die Minnesänger glaubten, durch deine Augen in dein Herz sehen. K. blickte fortan mit Zuversicht in die Zukunft. In eine Zukunft voller Liebe und nicht voller Akzeptanz. Denn Akzeptanz bedeutet immer, dass es auch Ablehnung gibt. Gott verlor den Einfluss auf seine Seele.

Alba López Polo

Ein neuer Anfang

Corrí y corrí por aquellas estrechas
calles, la niebla se apoderaba
de mí. El silencio inundaba mi interior.
Solo podía gritar: -¡¿Hay alguien por ahí?!

Solo encontraba niebla en la ciudad.
los días eran grises, taciturnos,
solitarios, secos como el otoño.
Los meses eran crueles y tranquilos.

A lo lejos, vi varias personas,
me acerqué despacio y hablé con ellas.
Nadie me escuchó, sola me hallaba.
Grité: -¡Estoy aquí miradme y escuchadme!

¡Estoy aquí!" grité desesperanzada,
pero nadie me oía, sola otra vez.
El silencio me inundaba el alma,
solo oía mi corazón ¡pump, pump pump!

De nuevo corrí veloz ¡tap tap tap!
Llegué hasta un prado gris y allí grité:
-¡¿Por qué nadie me ve ni me oye?!
¡Estoy cansada de estar tan sola!

Finalmente, más no pudo mi cuerpo,
y yací en el suelo temblorosa.
Acababa de aceptar mi destino,
la soledad sería mi única amiga.

Niebla. Lo único que encontraba a mi alrededor era niebla. No podía ver nada más que aquella cortina gris. Los edificios se habían nieblado, las personas no tenían cara, solo eran humo blanquecino, y en el ambiente había un olor nostálgico, que inducía a la tristeza, a preguntarte el porqué de las cosas. Así pasé la gran parte de mis días, buscando respuestas, queriendo averiguar por qué no encontraba a nadie más en esta solitaria ciudad.

Caminaba y caminaba por esa ciudad desamparada y sumergida en las tinieblas, pero el paisaje siempre era el mismo, y siempre encontraba el mismo destino, la soledad. A veces veía contornos de personas, parecían felices, parecían que hablaban y reían, pero no podía escucharlos. Me acercaba a ellos, pero ellos me ignoraban, daba igual lo que dijese o hiciese porque para ellos no existía.

Día tras día, semana tras semana, intentaba encontrar un lugar en el mundo donde no me embriagase la oscuridad, donde al fin el calor del sol pudiese acariciar mi piel. Pero tras meses y años buscando ese lugar, finalmente la desesperanza se apoderó de mí y cansada y taciturna me senté en un prado grisáceo a aceptar mi destino, mi fiel compañera la soledad.

M. Alessandra Moog

Auf der Suche

Der Morgentau liegt wie ein Tuche,
Ho, heissa, auf dem Pferde,
Auf seinem Rücken sitzend suche
Ich – die ich immer suchen werde.

Ich bin ein Kind noch tief im Herzen,
Das nach seinem Zuhause sucht,
Und während rings um mich sie scherzen,
Bin ich´s allein, die leise flucht.

Am Waldrand läutet schon die Glocke
Des Bäckerstübchens; der Milchmann klirrt.
Nachbarinnen tratschen im Morgenrocke,
Der Gatte sehr wichtig zum Office schwirrt.

Man lacht; mich umgibt allseits das Glück,
Eine herzenswarme Freude.
Die Welt, wie in einem Theaterstück,
Erscheint im schönsten Kleide.

Ein jeder findet seinen Weg,
Drum freut man sich schon heute.
Zum Glück hin führt ein schmaler Steg –
Doch der ist voller Leute!

Zu viele Hürden, zu viel Bürokratie
Und Normen drängen sich auf!
Zu wenig Arbeitsplätze, zu wenig Empathie –
Ich bin zertrampelt in der Dinge Lauf!

Ich kann mein Gefühl nicht in Worte fassen
Und ziehe den ganzen Tag durch den Wald.
Ich werde nicht freier und bin nicht gelassen,
Ohne Sinn, ohne Ziel. – O, es dunkelt schon bald!

Ho, ho, mein Rappe Schattenhengst,
Zieh langsam durch die Lichtung,
Wir reiten durch die Dämmerung längst –
Wo ist nur die richtige Richtung?

Ich sehe keinen Pfad im Laub, und
Den Wald vor lauter Bäumen nicht.
Die Hufe scharren in dem Staubgrund,
O, ohne Trost ist mein Gesicht!

Derweil die Welt durchs Leben tanzt,
Ja, Hand in Hand, hei, was ein Spaß! –
Ach, ist mein Sattel ganz zerfranst
Und unruhig zittert mein Kompass.

O, treues Ross, mein Lebenswille!
Führ mich in warme Wonnelauben,
Hinein in eine wohlige Stille,
Hinein in einen neuen Glauben.

O, guter Rappe, weiterhin
Lass mich, o Wille, nicht im Stich,
Denn lange ist deine Reiterin
Schon ohne Hoffnung innerlich.

Ich bin umgeben von der Menschheit
Und – ach! – tief in mir doch allein!
Ein Einzelner, der in der Masse schreit,
Ist einfach zu leise und zu klein.

Im Jubeln geht mein Zweifeln unter,
Auf dem Gruppenbild wirkt mein Zaudern heiter,
Auf dem Tanzboden schubst man mich ganz munter
Und so geht das Leben für alle weiter.

Im Dorf war eine Jugendweihe,
Am Rathaus stand ein Hochzeitspaar.
Das Taufkind, auf dass es gedeihe!
Es fragt sich niemand, wo ich war.

Auch Neueröffnung wird gefeiert!
Am Brunnen steht ein bunter Markt;
Fürs Dorffest wird geputzt, gescheuert,
Doch niemand da, der nach mir fragt.

Und wenn man meinen Geburtstag feiert
Und wenn meine eigene Beerdigung ist,
Wird gegessen und das alte Lied geleiert –
Doch bei beidem werde ich wohl nicht vermisst.

Die Menschen ziehen unbeirrbar
Und stur auf bürgerlichen Bahnen,
Doch wirkt es auf mich wie ein Wirrwarr
Aus Selfies und aus Siegesfahnen.

Es schallt in einem lauten Chor
Derselbe fade Einheitsbrei:
Schule, Ausbildung, und davor
Ins Ausland und Praktika (ein bis zwei).

Und dann arbeite dein Leben lang in einem Job,
In irgendeinem, den du eben bekommst. Schau,
Dass du gutes Geld dabei verdienst, hopp, hopp,
Dann bist du glücklich, Liebchen, ja genau!

Es fragt sich keiner: Was gibt es sonst noch?
Es fragt sich keiner, wozu wir herkamen.
Nur der Ochse gehört vor das harte Joch, doch
Zu allem sagen sie Ja und Amen.

Ein jeder findet so die Berufung,
Ein jeder auch seinen liebsten Schatz,
Normales Leben – na, welch Versuchung!
Doch für mich, in all dem, ist kein Platz.

Ich suche noch nach meinem Lebensweg,
Um wirklich einmal anzukommen.
Ums Ross ich meine Arme leg –

Ich sehe meine Zukunft nur verschwommen.

Ich suche nach meiner Erfüllung und
Dem Einklang von meinem Herz und Verstand.
Mein Wille ist wie ein Vagabund –
Ihn hält keine kühle, strenge Hand.

Ich suche meine Aufgabe noch,
Für die es sich zu kämpfen lohnt,
Ich suche dieses Gewisse doch,
Das tief in meinem Herzen wohnt.

Ich suche nach meinem Zuhause im Leben,
Nach meiner Stimme, nach einem Plan,
Dafür würde ich alles geben!
Ich wäre ein weißer, singender Schwan!

Der schwarze Engel galoppiert
Vorbei an Eiche und an Buche,
Er tobt gewaltig, schnaubt und wiehert –
Unermüdlich auf der Suche.

Auf der Suche

Fröstelnd schreite ich durch den von morgendlichem Tau glänzenden Garten. Ich werfe mir meinen schwarzen Mantel über und gehe hinüber in den nahen Hain aus Eichen und Buchen. Ich bin wenig hoffnungsvoll erwacht und verspürte sogleich in mir einen merkwürdigen Willensdrang. Ohne Rast und Ruhe habe ich das warme Bett meines Mietszimmers verlassen und bin in die Kühle des Morgens getreten. Noch ist kein Mensch in Sicht und ich bin dankbar für den Freiraum, denn ich könnte niemanden in meiner Nähe haben. Seit Tagen geht es mir ähnlich; ich kann es nicht recht beschreiben.

Ich bin auf der Suche.

Ich suche mein Zuhause im Leben, wie ein Waisenkind, auch, wenn ich bereits erwachsen bin. Eine dunkle Kraft in mir leitet mich, führt mich, treibt mich voran: Es ist mein Wille, mein Lebenswille, der suchen will, immer weiter.

Um mich herum geht der Alltag von vorn los. Am Waldrand läutet die Glocke der Bäckerstube, der Milchmann klirrt mit seinen Flaschen und die beleibten Nachbarinnen tratschen im Morgenrock, während der Gatte geschäftig und mit seiner Tageszeitung unter dem Arm zur Arbeit eilt. Alle sind zufrieden und gut aufgehoben im Tagtäglichen. Doch mir erscheint die Welt von fern wie ein Theaterstück: Alles ist in ein auffällig schönes Kleid gehüllt, dem ich nicht trauen kann. Denn wer allein dem Schein der Sinne traut, der lässt sich freiwillig blenden. Die Kunst im Leben liegt darin, den Mut zu haben, um hinter die Masken der Darsteller und Kulissen des Daseins zu blicken – und das echte Leben zu finden: Wahrheit und Authentizität.

Gewiss, scheinbar findet jeder seinen Weg in dieser heilen, polierten Welt. Doch, schnaube ich und seufze es dann leise vor mich hin, doch scheint es für mich keinen Weg in dieser Welt zu geben. Ich empfinde ein tiefes Gefühl der Sehnsucht nach Erfüllung und Glück. Beides scheint in unendlicher Ferne zu liegen. Zu viele Hürden, zu viel Bürokratie, zu viele Normen scheinen mich daran zu hindern, endlich anzukommen. Doch ich kann im Augenblick keinen klaren Gedanken fassen, zu wenig Gelassenheit ist in mir. Ohne Ruhe, wie auf einem Schattenpferd, ziehe ich weiter, den ganzen Tag. Ohne Appetit, ohne Ziel. Es wird bereits Abend.

Ohne zu wissen, wohin mich mein Spaziergang am Ende führen wird, gelange ich an eine Lichtung im Wald. Alles ist mit Laub bedeckt und ich kann den Pfad nicht mehr erkennen. Welcher ist nur der richtige Weg? Ich spüre, dass diese Frage nicht nur für meinen langen Spaziergang, sondern auch für mein Leben gilt.

Schon Platon, der ehrwürdige Philosoph des griechischen Altertums, verwendete Ross und Reiter als Sinnbild für Trieb und Vernunft. Das Pferd stellt den Trieb des Menschen dar, während der Reiter die lenkende Rationalität bezeichnet. Nach dieser vernünftigen Überlegung muss ich einsehen, dass mich im Moment offenbar besonders das dunkle, widerborstige Pferd leitet: Ein unerklärlicher Trieb, ein unbestimmter Wille. Wie mit zwei Hufen scharre ich in dem staubigen Grund der Waldlichtung, ohne zu wissen, wohin ich gehen soll, und ohne eine vernünftige Erklärung. Ohne Trost blicke ich stumm in die Abenddämmerung.

Ich versuche, meine Rastlosigkeit mit meinem Verstand noch eingehender zu ergründen. Bei näherer Betrachtung wird mir klar, dass ich, sinnbildlich gesprochen, den Eindruck habe, der Kompass auf meinem Lebensweg würde versagen. Woran kann dies liegen? Welche Kausalitäten führten zu diesem Zustand?

Ich stelle fest, dass ich mich in der bürgerlichen Welt nicht mehr wohlfühle, in der alles seinen gewohnten Lauf geht und jeder vorgibt, damit glücklich zu sein, ohne irgendetwas tiefsinnig zu hinterfragen. Ich jedoch fühle mich gestresst und abgenutzt von meinem Alltag und der Verpflichtung, wichtige Lebensentscheidungen zu treffen – ohne dabei genau zu wissen, was ich eigentlich will.

Nur mein primitiver Lebenswille trägt mich weiter. Mir bleibt in diesem Moment, mit solch einer schweren Gemütslage, nichts Anderes übrig, als darauf zu vertrauen, dass ich warme, stille, hoffnungsvolle Stunden in meiner Zukunft finden werde – irgendwann. Im Augenblick aber finde ich mich selbst in einem Zustand ohne große Hoffnungen wieder.

Dieser Zustand ist so tiefgreifend und eigenartig, dass ich länger darüber nachdenken muss. Wie ist es möglich, dass sich ein Mensch wie ich gänzlich ohne jede freundliche Gesellschaft wiederfinden kann – und dies inmitten eines schönen Dorfes, inmitten einer ganzen Menschheit? Ich erkenne, dass ich in letzter Zeit eine Tendenz entwickelt habe, mich in mein Gefühl der fehlenden Zuversicht hineinfallen zu lassen.

Oft scheint es mir wohl so, dass die Stimme eines Einzelnen zu wenig wiegt auf der Waage des Kosmos – der einzelne Mensch geht unter. Das ist das ewige Los des Schwächeren. Dieser Umstand vermag es, die Hoffnung einer Person völlig zu untergraben. Manchmal hat der Mensch Zweifel, doch im Jubeln der anderen kann er untergehen. Manchmal zeigt der Mensch ein Zaudern, doch er wird nicht verstanden. Manchmal kann der Mensch sich nicht wehren gegen den Sog der Masse, wie auf einem heiteren Tanzfest, bei dem er herumgeschubst wird – nur von außen wirkt es, als tanze er mit. Den Menschen kann jeder gute Glaube verlassen, wenn das Leben trotzdem für alle weitergeht, als wäre nichts geschehen, als könnte sich nie etwas ändern. Es bleibt nur ein Gefühl zurück, das man nicht beschreiben kann – wozu auch? Man wird ja doch von niemandem verstanden.

Ich verlasse den Wald und schleiche durch das Dorf. Oft ist an der Dorfkirche Jugendweihe. Hier am Rathaus steht oft ein fröhliches Hochzeitspaar. Kinder werden getauft, damit sie gut gedeihen. Es schmerzt mich, dass sich in letzter Zeit niemand fragt, was mit mir los ist und wo ich bei all den Ereignissen und Festen war. Doch andererseits möchte ich ja genau das: nämlich, in Ruhe gelassen werden. Ich verstehe mich auf einmal selbst nicht mehr.

Eine strahlende Neueröffnung wird morgen im Dorf gefeiert – das Wichtigste sind hier Marktwert und Konjunktur. Am Brunnen steht ein bunter Markt, alles ist morgen wieder voller Preisschilder. Morgen ist auch ein Dorffest; emsig wurde geputzt und die Fußböden der Geschäfte wurden gescheuert. Doch niemand war da, um zu fragen, ob ich auch komme. Ich wollte auch gar nicht hingehen. Dennoch fühle ich mich vergessen, ohne Heimat und ohne Ziel.

Und wenn man meinen Geburtstag feiert, denke ich mit Sarkasmus, und selbst dann, wenn meine eigene Beerdigung ist, dann werde ich wohl auch nicht vermisst! Ich brauche gar nicht dabei sein, weder körperlich, noch mental oder emotional – es macht keinen Unterschied für die Welt. Dann wird trotzdem gefeiert, gegessen und es werden alte Lieder heruntergeleiert – aus Gewohnheit und ohne eine tiefere Empfindung oder Bedeutung.

Mir kommt es so vor, als ob die Menschen unbeirrbar und stur auf ihren bürgerlichen Bahnen dahinziehen. Auf mich wirkt ihr Leben wie ein sinnloses Wirrwarr mit kitschig glitzernden Siegesfähnchen, unnötigen Selfies und Statusmeldungen.

Wie in einem lauten Chor erklingt aus der Masse immer derselbe fade Einheitsbrei: Geh zur Schule, mach eine Ausbildung, und davor noch einen Auslandsaufenthalt und ein bis zwei Praktika. Und dann arbeite dein Leben lang in einem Job, in irgendeinem, den du eben bekommst. Schau, dass du gutes Geld verdienst, dann bist du glücklich.

Es fragt sich keiner: Was gibt es sonst noch? Es fragt sich keiner, wozu wir hier herkamen. Nur der Ochse gehört vor das harte Joch, doch das sehen die meisten Menschen nicht.

Stattdessen sagen sie zu allem Ja und Amen und sind selbst ein bisschen wie die Ochsen vor dem Pflug.

Ich bezweifle aus Gründen der Logik, dass viele Menschen auf diese Weise ihre Berufung finden. Ich glaube auch nicht, dass viele Menschen mit dieser Lebenshaltung glückliche Beziehungen führen können, auch wenn es nach außen hin oft so wirkt.

Das, was als normales Leben gilt, ist für mich ein Konstrukt aus oftmals nicht hinterfragten Normen und Regeln. Etwas in mir wehrt sich gegen diesen Alltag. In all dem, glaube ich, ist kein Platz für einen Menschen wie mich.

Ich beginne diesen Trieb in mir rational zu begreifen, der mich ohne Ruhe und Rast umherwandern lässt: Es ist wohl im Grunde so, dass ich noch nach meinem Weg in diesem Leben suche. Ich bin noch nicht richtig angekommen in dem, was ich mir vom Leben erhoffe und was ich bewirken will. Mit Resilienz umarme ich endlich diese Gefühle und Gedanken und akzeptiere mich ein Stück weit mehr so, wie ich bin. Zwar sehe ich meine Zukunft im Moment nur verschwommen, doch ich halte mich an meinem inneren Willen fest, Glück im Leben finden zu wollen. Er ist im Moment mein einziger Anker.

Ich werde weiter nach meiner Erfüllung suchen. Schon die Dichter und Denker der Aufklärung und insbesondere der Empfindsamkeit wussten, dass ein Einklang von Herz und Verstand nicht unmöglich ist.

Mein Wille ist wie ein Vagabund, er wird nicht ruhen, bis die Umstände meines Lebensalltags stimmen. Ihn hält keine kühle, strenge, rein rationale Hand von außen auferlegter, sogenannter Normalität zurück. Auch in meiner Verstandeswelt wird mir immer klarer, dass ich diesem Gefühl Recht geben sollte: Ich kann es mit meinem Gewissen nicht vereinbaren, eine Lebenslüge zu leben. Ich werde alles daran setzen, endlich eine Aufgabe zu finden, die mich kognitiv und emotional erfüllt. Denn ich ahne Eines: Der Mensch muss seine Aufgabe suchen, für die es sich zu kämpfen lohnt, dieses gewisse Etwas, das tief in seinem Herzen wohnt. Findet er diese Leidenschaft, dann kann er Großes bewirken und es wird ihm nicht wie mühsame Arbeit erscheinen. Dann strahlt er Charisma, Leichtigkeit und Freude aus.

Es ist wie ein Zuhause im Leben, eine Berufung, eine Art emotionale und kognitive Bestimmung seines Daseins, dass ein Mensch die Chance erhält, seine Neigungen und Leidenschaften zu finden und auszuleben. In der Konsequenz dieses argumentativen Versuchs muss der Mensch, sinnbildlich gesprochen, lernen, wieder seiner inneren Stimme zuzuhören – dann wird er auch im Leben eine hörbare und klare Stimme erhalten.

In diesem Augenblick allerdings fühle ich mich noch ohne Nutzen und ohne Beistand. So wie die Nacht langsam auf das Dorf und den Wald fällt, so sinken schwer und ohne Freude meine Augenlider nieder. Ich wünschte, meine Stimme und meinen Plan bereits gefunden zu haben. Dafür würde ich alles geben, und der Tod wäre mir lieber, sollte ich sie niemals finden.

Wenn meine Suche ein Ende nähme, dann endlich wäre ich wie ein weißer, singender Schwan: stolz, schön und frei. Nun aber bin ich ein schwarzer Engel, der durch die Nacht galoppiert, vorbei an den Eichen und Buchen und an den dunklen Häusern der schlafenden Menschen. Mein Lebenswille tobt gewaltig. Mir ist, als ob er schnaubt und wiehert wie ein Schattenross – unermüdlich auf der Suche, bis er endlich sein Ziel erreicht.

María de los Ángeles Moya Sánchez

Encuentro

Buscando y angustiada estaba yo,
buscando la senda hacia otro lugar,
sintiendo las dulces olas de la mar,
sintiendo agridulce sabor a razón.

Encontrando el tono a esta canción:
"Velero que navegando sin cesar
hacia otro rumbo lejano irás
encontrando tu cálido corazón".

Dame un sorbo del dulce pensamiento.
Dime la historia de tu vida intensa,
itinerario del conocimiento.

No queriendo yo muchedumbre mansa,
no deseando largo escarmiento,
sino latir en tu sensata ansia.

Como guiada por una brújula andaba yo hace unos años por tierras del norte y lejos de mi ciudad natal. En un primer momento, navegaba sin rumbo fijo por tierra, por mar y por aire, hasta que, hace relativamente poco tiempo, tomé conciencia de la situación y logré dar un golpe de timón a mi vida, preguntándome lo siguiente : ¿ quién soy yo y hacia dónde me dirijo ? Pues, buscando la senda de mi agitada vida y en lo más hondo de la árida tierra encontré en la orilla al mar cansado y solo, y que sabiamente me decía:

"¡ Ven junto a mí, pero primero, sigue minuciosamente las instrucciones de la razón, y segundo, deja rienda suelta a los latidos de tu corazón !"

Gerald Oberascher

Schmerz

Es ist wie ein kommen und gehen,
so weit voneinander entfernt und doch so vertraut.
Werden wir uns jemals wieder begegnen?
Es ist die Zeit, die uns vereint.

Fern weg von Zuhaus,
bin ich nun wieder seelein,
es erfordert Mut die Höhle zu verlassen,
doch ich weiß - alles wird gut.

Nicht gierig will ich sein,
aber auch nicht traurig.
Auf Wiedersehen wollt ich noch sagen,
doch siehst du die Tränen in meinen Augen?

Wir sind wie ein inniges Blumenmeer,
wohlduftend, schön und frei.
Trotzdem darf ich dich nicht pflücken,
Denn dann ists vorbei.

Schmerz II

Ich weiß noch genau als wir uns das erste Mal sahen. Ich sah es in ihren Augen, und sie in meinen. Es war als würden wir uns schon ewige kennen und uns beim Namen nennen. Doch wies so ist im ewigen Leben, hat alles einen Anfang und ein Ende. Ach, hätten wir doch nur mehr Zeit – ticktack- ich will sie wider sehen, im nächsten Leben!

Die Höhle, in der ich saß war tief, umso schwerer war der Aufstieg ins Licht. Doch oben angekommen war mir klar, warum ich sie verließ. Das Leid war groß, und viele Tränen sind geflossen. Es war die Gier, die mich drängte, doch nun ist mir bewusst, wir sind frei! Ich wollte sie besitzen, nur für mich allein haben. Doch der Preis, den ich bezahlen musste, ist groß.

Das wovon ich dir hier erzähle soll keine Liebesgeschichte sein!
Nein mein Freund, es ist das Leben.
Und dies besteht eben nicht nur aus geben und nehmen.
Drum hör mir gut zu und merke
was du nicht besitzt gehört niemals dir

Marta Pascual Vázquez

Poema

Cierro los ojos, un gélido hueco aparece,
una oscura nariz helada que sólo cuenta tres meses.
Pequeña, pueril e inocente que un hogar
llena de amor y fuego incandescente.

Lejos de ese hogar yo ahora me hallo,
sin tu consuelo, sin tu ladrido y sin tu abrazo.
Como una pintora que esboza mis días
te has convertido en el deseo que tanto quería.

La persistencia de la memoria de Dalí,
El grito de Munch, son obras dignas
que de mi retorcido recuerdo no rechofí.*

Sólo tengo que aguantar la ardua espera,
Pues ese es el precio a pagar por la distancia
y los sueños que me condenan.

*Rechofí (de rechofir), verbo inventado que vendría a significar erradicar intencionadamente de la memoria un objeto, momento o lugar que se enlace con una vivencia vivida, a causa del dolor.

TEXTO NARRATIVO

Cierra los ojos, sólo puede sentir un hueco, un frío que no cesa, una parte de ella que ha sido arrancada por alguien, por algo, por la maldita distancia que las separa. En su mente imagina que tiene a su lado esa nariz oscura y pausada que respira enroscada en sus brazos, que la mantiene viva, sana y salva pero ahora muy lejos de ella. Es tan pequeña, tan pueril, tan inocente…

Separada de su hogar anhela su consuelo, sus ladridos y sus abrazos. Es como una pintora que esboza sus días, ¡por fin se ha cumplido el deseo que tanto ella quería! Pero ahora no puede más que recordar a su perra en cada cuadro, cada momento, cada canción que aparece.

Ahora tendrá que esperar, aguantar hasta que vuelva a su hogar y la vea, ese es el precio que ha tenido que pagar por cumplir sus sueños y volar fuera.

José Alberto Sánchez Berbegal

Distanzierung und Wiederbegegnung

„Mein ganzes Leben ich dich / herzlich und ohne
Zweifel geehrt! Nun seh' / ich keine Richtung mehr!".
Der umherschweifende / Kleinbauer wie ein Lorbeer,
der trocken ist, sich fühlt / und so er jetzt wohne.

„Wenn man die Geliebte / verliert, sieht man kein' Sonne!"
Peng! Nimmt einen schweren / Stein in die Hand der Mann,
schlägt ihn gegen den Grund / und behauptet dann:
„Wäre ich erschossen / mit einer Kanone!"

„Bleib bitte mal ruhig, / du erschrickst meine Tiere!",
rief der Nachbar, / und damit er provoziert,
dass der Kleinbauer trinkt / zwei graue Elixiere.

„Wohl und unbesorgt bin / ich nun. Glücklich absolviert
mein' Leber dieses Gift". / „Liebling, ignoriere
alles. Wir werden im / Himmel noch integriert!".

Distanzierung und Wiederbegegnung II

Meine Geliebte ist verschieden. Meine ganze Existenz habe ich ihr gewidmet. Aber jetzt kann ich sie leider nicht mehr betrachten. Sie ist nicht mehr hier. Ich fühlte mich wie ein Vogel, dem die Flügel geschnitten wurden.

Ich, ein bescheidener und einfacher Kleinbauer, war dazu nicht bereit. Aus diesem Grund befinde ich mich nun in so einer kniffligen Situation. Falls man die Liebe seines Lebens verliert, erfährt man das unangenehmste Erlebnis aus aller Welt. Ich bedenke meine Gefühle. Sie haben mich zu sinnlosen Taten geführt, wie den schweren Stein zu nehmen, den ich stark gegen den Boden schlug. Gleichwohl finde ich keine schlagkräftige Lösung. Infolgedessen wünsche ich, dass ich mit einer Kanone erschossen worden wäre.

Plötzlich erhalte ich einen Hinweis von einem Nachbar. Er teilt mir mit, ich müsse ruhig bleiben, da ich seine Tiere erschrecke. Das finde ich einen Wertschätzungsmangel. Niemand hat Respekt vor mir und meiner Situation. Deswegen beschließe ich, mein Leben zu beenden, bzw. mich durch ein besonderes Gesöff verenden zu lassen um ins Grab zu steigen. Das Elixier kommt so schnell in Kontakt mit meiner Leber, dass ich wohl und unbesorgt werde. Jetzt weiß ich, dass ich bald wieder erneut mit meiner Geliebte im Himmel vereinigt werde.

Alicia Troncoso

Suicidio

Escucho mi hora en el atardecer,
mis manos tocan el muro frío,
la enferma ciudad me hace enmudecer,
me subo en la piedra y miro hacía el río.

La tenue luz anuncia el fallecer,
pero aún el sol tiñe lo sombrío,
no existe el miedo a desaparecer,
todo finita en un escalofrío.

Enfoco mí vista hacía el horizonte,
mis ojos vacíos se cristalizan,
no hay nada que esta oscuridad afronte.

Pronto mis sentidos se agudizan,
extiendo mis brazos lentamente
y a mi alrededor, todos ralentizan.

De mi futuro incierto desconfío,
es repulsivo seguir adelante,
no creo que mi espalda el peso aguante,
y mi muerte yo coreografío.

Descanso eterno para mi alma ansío,
esta brisa actuará como sedante,
miles de pensamientos en un intante,
al fin me dejo caer al vacío.

El aire tóxico se vuelve envolvente,
colores violentos en los decesos,
la vida gris provoca mi muerte.

El impacto machacará mis huesos
pues el agua se endurece, cruelmente
desgarra mis pulmones y mis sesos.

Mi cuerpo se hundirá profundamente,
ya no veré atardecer otro martes,
quiero perder la conciencia cuánto antes,
me sumerjo fugaz y muy débilmente.

Nadie lo notará cuando esté ausente,
mi única sombra estaba en todas partes,
mi alma se refugiaba en las artes,
la vida se alimentará de mi muerte.

Siento pasar algún pececillo,
mi cadera está partida en pedazos,
mis ojos captan el último brillo,

y se quedan fijos como mis brazos,
el silencio vacía mi bolsillo,
el beso final como un dulce abrazo.

Texto

Era una tarde de primavera en la ciudad y el sol teñía todo y a todos de colores dorados y anaranjados. Todos parecen disfrutar; pero ¡Oh!, una chica triste camina por las calles de la ciudad con la mirada rota. Dirige sus ojos a los habitantes que se cruzan con ella y observa la felicidad. ¡Ojalá pudiera sentirme como ellos!- se dice a sí misma. Aunque los ciudadanos sonreían, allá donde mira, ella solo puede ver un mundo marchito, contaminado y melancólico donde la gente es feliz. Esa era su maldición. Esa fue su maldición.

Terminó su camino al llegar al puente; allí apoyó sus manos en el muro y se impulsó hasta quedar de pie sobre este. Desde el puente observó el paisaje del río en el atardecer mientras el viento movía su cabello.   ¡¿Cómo puede poseer tanta belleza un mundo tan triste y confuso?!- pensó para sí. Al fijar su vista en el horizonte recordó que el horizonte nunca desaparece por mucho que avances, como la tristeza; esto provocó que sus ojos se llenaran de lágrimas como una fuente. En su pecho presionaba una tormenta interna incontrolable de los sentimientos más oscuros que puede sentir una persona. Había sido maldecida, pero no recordaba nada.

En ese momento de desesperación, extiende sus brazos hasta formar una cruz y sus cincos sentidos se vuelven aún más sensibles percibiendo todo su entorno. Uno, dos, tres, cuatro, cinco. De repente, todo avanza lentamente, en cámara lenta como si hubiera sido ralentizado. No quería seguir siendo así, no quería ser diferente, invisible; no podía soportar un día más sufriendo como lo había hecho ese tiempo atrás. Desconfiaba en que su vida seguiría siendo así, no cambiaría. Quería acabar con todo. Había planificado su suicidio y en el intento de librarse del peso de sus hombros....se lanzó al vacío, pero… !Pobre chica, aún no recordaba que había sido maldecida!

Mientras caía, el aire contaminado la rodeaba. Mientras caía… comenzó a ver colores en la atmósfera; observó su vida. Recordó su nacimiento, sus padres y el desarrollo de su corta existencia. ¡Qué sorpresa se llevó cuando otras vidas pasadas ante sus ojos pasaban! Casi al final del largometraje, en su primera e inicial vida había sido maldecida; una bruja de la época la condenó por no sentir empatía. Era feliz, pero la felicidad con otros no compartía, era egoísta y ante la desgracia ajena miraba hacia otro lado. ¡Qué horror! ¡No puede ser! ¡Es imposible que yo hiciera algo así!- Pensó todo esto la chica en un instante.

Su condena sería que en otras vidas absorbería todos los sentimientos negativos de las personas de su alrededor. ¡Cada vez que con alguien infeliz ella topaba, toda la tristeza se llevaba y solo la alegría en la persona dejaba! Pero no era solo eso, en cada vida se repetiría, sería una esponja del dolor ajeno y nadie su dolor percibiría.

Al despertar de este sueño, el impacto con el agua era inevitable. Con la velocidad de la caída el impacto era similar a caer sobre cemento. Machacó todos sus huesos, fracturó su cráneo, su cadera se partió en dos pedazos, desgarró todos sus órganos internos pero aún estaba consciente.

¡Oh dios mío, este dolor es insoportable! ¡Lo siento, perdóname! ¡Lo siento, por favor! - gritaba bajo el agua, escapándose de sus labios las últimas burbujas de aire. Mientras, su cuerpo se hunde; la chica se da cuenta de que nadie la salvará, nadie es capaz de percibir su dolor, es por eso que había vivido en soledad. Su único consuelo era que su cuerpo como hojas secas serviría de alimento para las nuevas. Finalmente, su cuerpo gélido hundiéndose en el fondo marino con la mirada fija recibe la muerte que ansiaba. ¡Pobre chica, aunque no será su última vida!

Diana Visintin

SONETO: A TE CHE SEI LASSÙ

(Sturm und Drang)

Este soneto tiene como tema la muerte de mi abuelo. Una muerte que dejó un vacío en mí.

El 26 de julio de 2017 mi abuelo me dejó. Yo estaba trabajando como todos los días de ese verano. Recibí el mensaje de mì hermana que me decía la noticia. Es difícil para mí describir ese momento con palabras. Sabía que ese día llegaría, pero mi corazón no podía aceptarlo. Es por eso que por ejemplo hay un encabalgamiento entre el primer verso y el segundo del segundo cuarteto: es para subrayar el hecho de que para mí fue un día como cualquier otro, pero en ese día todo cambió.

Ahi! Ho corso fino a quella ringhiera decorata,
la ringhiera a cui mi appoggiai saputa la notizia.
Ah quel fatidico giorno! Lo ricordo come fosse ieri.
Tu! Ora! Mi proteggi dall'azzurro cielo diventata la tua dimora.

In quel soleggiato giorno di luglio qualcosa
cambiò. Ah, quel giorno era ormai arrivato!
Il mio candido volto fu solcato da fiumi in piena.
Qualcosa cambiò nel mio giovane cuore.

Quella spoglia dimora! Entrare di nuovo nella tua casa.
La tua dimora senza il tuo grande cuore
che riscaldava gli animi dolci dei tuoi cari.

Un nonno, un immortale idolo per i suoi nipoti,
un idolo che non avrei mai voluto lasciar andare,
un eroe a cui purtroppo ho dovuto dire addio.

TEXTO: A TE CHE SEI LASSÙ

(Ilustración)

Devo cantare la tua dolce morte? Il piacere che ebbi ad averti nella mia giovane vita. L'amore provato nei tuoi confronti è sempre stato molto forte. Il mio cuore perde sospiri. Ora mi proteggi dall'azzurro cielo che è diventata la tua dimora. Sapevo che quel giorno sarebbe arrivato, ma ancora ora non lo accetto. In quel soleggiato giorno di luglio qualcosa cambiò. Ma cosa devo pensare? Devo io veramente soffrire in questo modo? L'uomo essendo dotato di intelligenza, dovrebbe essere in grado di razionalizzare questo immenso sentimento, ma il mio candido volto è solcato da fiumi in piena. La sofferenza è diritto e bisogno dell'uomo? Il sentimento non deve sopraffare l'intelletto umano. Qualcosa cambiò nel mio giovane cuore, come privata di qualcosa. D'altronde l'affetto per te era enorme, quindi meriti queste mie parole. Entrai, dopo che mi lasciai, nella tua spoglia dimora. La tua casa senza il tuo grande cuore che riscaldava i dolci animi dei tuoi cari. Mio nonno, un immortale idolo che non avrei voluto lasciar andare, ma la vita segue un ciclo. Ti sei spento come una candela completamente consumata dagli anni. Un eroe a cui purtroppo ho dovuto dire addio. Le nostre menti saranno sempre legate, anche se i corpi distanti.